AF384898

RAPHAËL-GEORGES LÉVY

MÉLANGES FINANCIERS

LA SPÉCULATION ET LA BANQUE

L'AVENIR DES MÉTAUX PRÉCIEUX — LE CHANGE

LE BILLET DE BANQUE

PARIS

LIBRAIRIE HACHETTE ET Cⁱᵉ

79, BOULEVARD SAINT-GERMAIN, 79

1894

MÉLANGES FINANCIERS

COULOMMIERS
Imprimerie PAUL BRODARD.

RAPHAËL-GEORGES LÉVY

MÉLANGES FINANCIERS

LA SPÉCULATION ET LA BANQUE

L'AVENIR DES MÉTAUX PRÉCIEUX — LE CHANGE

LE BILLET DE BANQUE

PARIS

LIBRAIRIE HACHETTE ET Cie

79, BOULEVARD SAINT-GERMAIN, 79

1894

PRÉFACE

Nous avons réuni dans ce volume quatre essais qui, bien que n'ayant d'autre lien apparent que celui d'appartenir tous au domaine de l'économie politique, procèdent cependant d'une pensée commune. Ils traitent de sujets connus, dont l'étude a donné naissance à de nombreux ouvrages; mais ce qui nous a enhardi à entrer à notre tour dans une discussion dont le public a parfois été fatigué, c'est que la banque, les métaux précieux, le change, le billet de banque, n'ont pas souvent été examinés au point de vue auquel nous nous sommes placé. C'est avant tout la philosophie de ces questions financières que nous avons tenté de dégager : elles méritent de fixer l'attention des hommes d'État aussi bien que des économistes, car elles prennent chaque jour une importance plus grande dans la vie des nations et dans leurs rapports entre elles.

Il existe des traités qui décrivent en détail les diverses opérations du banquier, ou plutôt de celui que nous appelons de ce nom : mais on n'a pas jusqu'à ce jour mis suffisamment en lumière la fonction vraie de ce gérant de capitaux. Notre langue, si précise, a péché ici par excès de concision, en confondant sous une même dénomination des carrières très diverses : la banque proprement dite, et celle qui est une entreprise financière, un négoce, avec tous les risques inséparables de la spéculation.

Pour les métaux précieux, les historiens et les philologues ont étudié, à l'aide des textes les plus anciens, d'inscriptions parfois incomplètes, le rôle qu'ils ont joué dans les diverses civilisations, et calculé le rapport dans lequel ils ont varié l'un par rapport à l'autre; mais l'essence même de la monnaie, déjà définie par Aristote, n'a pas toujours été suffisamment considérée; et il ne semble pas surtout que l'on ait tiré de ses caractères si particuliers toutes les conclusions qui s'en peuvent déduire.

Quant au change, nous sommes en face d'un terrain beaucoup moins exploré. Bien que le principe en remonte à l'époque où les peuples, se servant chacun de monnaies différentes, ont commencé à commercer entre eux, il n'en est pas moins vrai que la violence de ses fluctuations et l'importance de son rôle dans les rapports économiques des nations sont des phénomènes modernes, nous pourrions dire contemporains. Les abus du papier-monnaie d'une part, la rupture d'équilibre extraordinaire qui s'est produite, d'un autre côté, entre la valeur de l'or et celle de l'argent, ont été les cause déterminantes de cette révolution. Le remarquable traité de Goschen, certains manuels techniques, fournissent des matériaux utiles à la discussion, mais sont loin de l'épuiser. Les troubles imprévus que l'abaissement du change jette dans les calculs protectionnistes n'ont fait leur apparition qu'au cours des dernières années. C'est un côté de la question qui mérite d'autant plus d'être examiné, que les hommes d'État s'en préoccupent et cherchent le remède à la situation étrange qui peut se résumer ainsi : l'avilissement de la monnaie d'un pays facilite temporairement ses exportations et s'oppose au

contraire aux importations de l'étranger. Il y a
là un problème bizarre qui déconcerte au premier abord : ce n'est pas trop de toutes les
certitudes scientifiques pour le résoudre et aussi
pour démontrer le côté paradoxal et passager
de cette situation.

Enfin le billet de banque nous a paru devoir
faire l'objet d'une étude spéciale, puisqu'il est
en dernière analyse la forme de la monnaie sous
laquelle celle-ci subit les oscillations les plus
violentes et les altérations les plus graves. La
confusion de langage qui désigne de ce nom
toute espèce de signe fiduciaire, d'où qu'il
émane, nous a permis d'enfermer dans cette
dernière partie de notre ouvrage une revue complète des moyens de paiement en papier si
variés qui sont en usage dans les divers pays et
les différentes parties de l'univers.

Le fil conducteur commun qui a guidé nos
recherches est le désir ardent de nous rapprocher le plus possible de la vérité. Les mots, en
ces matières économiques, où la langue est
moins bien faite, moins assurée que dans d'autres, ont joué un rôle funeste et jeté dans les
esprits plus d'une confusion fâcheuse. Il faut dix
fois plus d'efforts pour détruire une idée fausse

que pour en répandre une juste. La difficulté
même de la tâche à laquelle nous nous sommes
voué rendra le lecteur indulgent pour les pages
qui suivent et qui n'ont qu'un but : poser nettement les questions, faire toucher du doigt les
écueils, et montrer le chemin dans lequel doivent s'engager ceux qui veulent rechercher les
solutions vraies et utiles à chacun, c'est-à-dire à
tous.

Paris, juillet 1894.

RAPHAEL-GEORGES LÉVY.

MÉLANGES FINANCIERS

PREMIÈRE PARTIE

LA SPÉCULATION ET LA BANQUE

CHAPITRE I

DÉFINITION, NÉCESSITÉ ET UNIVERSALITÉ DE LA SPÉCULATION

Nous nous sommes proposé d'atteindre un double but : étudier la spéculation dans ses effets légitimes et dans ses abus, rendre hommage à ce que les premiers peuvent avoir d'utile au développement du bien-être de l'humanité, tout en critiquant les seconds; puis montrer au public ce qu'est la banque, cette partie si mal connue de l'activité humaine, en définir l'objet et la fonction, prouver enfin

1

qu'elle peut, et, dans certains cas, doit se tenir
écartée de toute spéculation.

La spéculation est, comme la plupart de nos
actes, bonne ou mauvaise, selon l'usage qui en
est fait, selon le caractère de ceux qui s'y livrent,
selon la mesure dans laquelle elle est employée.
Rien n'est plus malaisé que d'en discourir, car
peu de matières sont aussi obscures, aussi incom-
prises, non pas seulement du public, mais de
ceux-là mêmes qui, par profession, peuvent se
croire appelés à connaître la question. La spéculation, dans son véritable sens, n'est que l'exer-
cice légitime d'une des facultés de l'homme;
l'injustice est profonde d'englober dans une
réprobation *a priori* une série d'actes foncière-
ment honnêtes, utiles à la société tout entière,
alors que les risques n'en atteignent le plus souvent que l'individu qui s'y livre. Les excès, ici
comme partout, sont blâmables; nous les con-
damnons avec autant de sévérité que qui que
ce soit. Mais là où l'opinion se trompe, c'est
lorsqu'elle s'imagine que ces excès sont la règle.
Ils ne constituent au contraire qu'une proportion infinitésimale de ce grand mouvement
d'échanges, qui sont et deviennent de plus en
plus l'objet de l'activité humaine; que tous les
efforts des gouvernements libéraux ou conserva-
teurs tendent également à encourager; que les
créations incessantes, et auxquelles la papauté
ne s'oppose pas plus que les socialistes, de che-

mins de fer, de télégraphes, de téléphones, de
lignes de bateaux, développent et développeront
chaque jour davantage.

S'arrêter à des cas particuliers pour étudier
un vaste problème, aussi digne de s'imposer aux
méditations des philosophes qu'aux préoccupa-
tions des hommes d'État, serait se mettre dans
le cas d'un astronome que le passage d'un
bolide devant l'objéctif de son télescope empê-
cherait de voir les millions d'étoiles qui con-
stellent le firmament. Il faut commencer par
écarter de notre pensée les exemples retentis-
sants de désastres anciens ou récents causés par
les excès de la spéculation, et qui ne représentent qu'une fraction infime des phénomènes
dus à cette dernière; il faut chercher à la définir
exactement, à reconnaître sa présence ou son
influence dans la plupart des actes économiques
de l'humanité : alors seulement nous serons en
droit d'essayer de la juger.

Spéculer, c'est, d'après l'étymologie, regarder, et, par voie de conséquence, réfléchir,
déduire, faire œuvre de raisonnement. L'origine
même du mot nous fournit un argument, dont
ceux-là seuls qui ne se sont jamais rendu
compte de l'invincible force des idées latentes
du langage contesteront la valeur, pour combattre le préjugé vulgaire qui ne voit dans toute
spéculation qu'un jeu de hasard. Rien n'est plus
contraire au sens littéral, rien n'est plus éloigné

de l'acception vraie. Ce n'est pas en vertu d'une coïncidence fortuite que nous nous servons du même mot pour désigner l'œuvre des philosophes et l'entreprise de ceux qui, à la suite de longues réflexions, de calculs savamment déduits, croient pouvoir prévoir les fluctuations des prix des objets nécessaires à l'humanité et diriger leurs actes en conséquence.

Que le lecteur ne craigne pas que nous poussions trop loin notre démonstration. Il serait assurément ridicule de vouloir assimiler les spéculations d'un Platon ou d'un Descartes, s'élevant aux plus hautes abstractions de la philosophie, à de simples opérations commerciales. On nous accuserait, à juste titre, de jouer sur les mots. Nous nous bornons à dire que la spéculation procède d'un raisonnement et, à ce titre, diffère essentiellement du jeu, qui attend tout du hasard.

Il ne faut d'ailleurs pas entendre par spéculations les seules opérations sur les fonds publics, actions et obligations, ni croire qu'elle se borne aux opérations à terme. Les marchandises, quelles qu'elles soient, les immeubles même lui servent d'aliment. D'autre part, elle s'exerce également sur ce qu'on appelle le comptant, c'est-à-dire sur cette forme de l'échange qui consiste dans la livraison immédiate de l'objet vendu contre versement concomitant du prix par l'acheteur. Spéculer, dans le sens commercial du mot, c'est acquérir un objet quelconque avec l'espoir de le revendre à un prix supérieur au prix d'achat; ou inversement le vendre dans la pensée de le racheter plus tard à un prix inférieur.

Il résulte de cette définition que bien peu d'actes humains sont exempts de spéculation. Le marchand au détail, qui va s'approvisionner de clous chez le fabricant, ne les achète que parce qu'il a l'espoir de les revendre plus cher aux passants qui entreront dans sa boutique ; il les paiera 10 francs le quintal à l'industriel qui les forge parce qu'il compte bien les revendre à raison de 12 francs le quintal à sa clientèle. Mais tant qu'il n'a pas revendu la totalité des clous dont il s'est fourni chez le cloutier, il spécule sur ce stock de marchandises; il est, pour employer une expression technique dont le sens apparaîtra clairement ici, *à la hausse* sur les clous. S'il n'avait pas foi dans le prix de 12 francs auquel il estime qu'il revendra sa ferraille, c'est-à-dire dans cette majoration de 2 francs par quintal sur la somme déboursée par lui-même, il n'aurait aucune raison d'acheter à l'avance une certaine quantité du produit qu'il espère écouler.

Le raisonnement qu'il fait ne diffère pas, dans son essence, de celui en vertu duquel un audacieux capitaliste avait, il y a un quart de siècle, acheté trente ou quarante mille actions

du chemin de fer Paris-Lyon-Méditerranée. Cet
achat n'était fait qu'en prévision d'une hausse
ultérieure, c'est-à-dire de demandes nombreuses
amenées par le besoin que d'autres capitalistes
auraient des mêmes titres, au fur et à mesure
que les raisons de la plus-value, pressenties par
le premier acheteur, apparaîtraient clairement
à un plus grand nombre d'individus.

La pensée humaine elle-même donne matière
à des spéculations. Le libraire qui achète le
manuscrit d'un auteur ne lui paie une certaine somme que parce qu'il espère vendre un
nombre d'exemplaires tel du livre imprimé qu'il
recouvre le prix de son achat, les frais qu'il a
dû faire pour l'édition, et réalise en outre un
bénéfice. Le libraire a spéculé à la hausse sur
les idées, sur le style, sur le renom d'un écri-
vain ; il court un risque aussi longtemps qu'il
n'a pas vendu assez d'exemplaires pour être au
moins indemnisé de ses frais. Il ne réalisera
un bénéfice que le jour où le nombre sera
dépassé ; il sera en perte si le nombre n'est pas
atteint.

Il serait aisé de multiplier les exemples. Ne
nous y attardons point. Aussi bien pensons-
nous que ceux que nous venons de donner suffi-
ront pour qu'on nous accorde que, si certaines
spéculations sont blâmables, l'idée même de la
spéculation ne saurait l'être, sous peine de vouloir arrêter la marche de l'humanité.

On nous objectera que nous étendons trop le sens du mot et que nous lui faisons embrasser l'ensemble des opérations commerciales. A vrai dire, nous ne nous effrayons pas outre mesure de ce reproche. Nous sommes bien aise de montrer à combien de nos actes cette idée préside, pour mieux prouver d'une part la difficulté de découvrir la limite scientifique à lui assigner, et, d'autre part, les obstacles infranchissables qui s'opposent à une répression législative.

Nous ne chercherons pas d'ailleurs à rendre notre tâche plus facile en prolongeant la discussion sur ce terrain où les avantages de notre position sont trop évidents. Nous bornerons notre analyse à celles des opérations de la spéculation qu'il est d'usage d'envisager sous ce nom. Signalons toutefois là une première erreur qui consiste à prendre la partie pour le tout. Mais peu importe, c'est aux spéculations de Bourse que les critiques s'adressent; ce sont les marchés à terme dont la validité a été niée jusqu'à nos jours, puisque la loi qui les reconnaît ne date que d'il y a sept ans. Examinons donc les opérations de Bourse; étudions les marchés à terme; nous étendrons notre travail, cela va de soi, aux bourses de marchandises, car les marchés qui ont pour objet les cafés, les farines, les sucres, entrent dans cette catégorie, comme ceux qui s'appliquent aux valeurs dites spécialement mobilières : les denrées d'alimentation et autres sont des valeurs mobilières aussi bien que les titres de rentes, d'actions ou d'obligations, auxquels l'usage a réservé ce nom.

Les spéculations sont susceptibles d'être classées de deux façons différentes, suivant qu'on en considère la forme ou le fond. Au point de vue de la forme, elles se divisent en spéculations au comptant et en spéculations à terme. Les premières se résolvent par l'acquisition de valeurs, titres ou marchandises, livrables ou payables au moment où le contrat se conclut. L'engagement et l'exécution de l'engagement sont simultanés.

L'opération à terme ne diffère pas de la précédente dans son essence. L'obligation du vendeur et celle de l'acheteur, contractées au moment de la conclusion de l'échange, sont tout aussi définitives, tout aussi irrévocables que dans l'affaire dite au comptant. La seule différence est que l'opération à terme, de par la volonté des parties, ne se réglera que postérieurement à la conclusion du contrat, à une date certaine, fixée à la minute même où les deux parties se sont mises d'accord sur le prix et les autres conditions. Acheter 3 000 francs de rente française au comptant à 96 pour 100, c'est apporter 96 000 francs contre lesquels on reçoit un titre donnant le droit de toucher tous les trois mois

750 francs aux guichets du Trésor, soit 3 000 francs de rente annuelle ; acheter le 5 juin 3 000 francs de rente française à *terme* à 96 pour 100, c'est s'engager à verser le 30 juin 96 000 francs contre lesquels on recevra le même titre de 3 000 francs de rente. Les deux opérations sont identiques et ne diffèrent qu'au point de vue de l'époque de l'exécution.

Si nous voulons maintenant classer les spéculations non plus au point de vue de la forme, mais au point de vue du fond, nous les diviserons en spéculations à la hausse et en spéculations à la baisse. Nous avons expliqué la spéculation à la hausse : c'est le fait de celui qui promet de remettre une certaine somme d'argent en échange d'un titre ou d'une denrée qu'on s'engage à lui livrer. Si nous reportons pour un instant notre attention sur la situation de l'autre contractant, c'est-à-dire de celui qui promet de livrer, à une époque postérieure à la conclusion du contrat, un titre ou une denrée, nous comprendrons ce que c'est que la spéculation à la baisse. Elle n'est autre chose que le fait de s'engager à livrer ultérieurement le titre ou la denrée contre le prix stipulé.

Deux hypothèses peuvent se présenter dans l'opération à terme. L'acheteur qui s'est engagé à payer le 30 juin 96 000 francs les possède dès à présent : c'est pour un motif de convenance personnelle, parce qu'il préfère par exemple ne déplacer ses fonds qu'à cette date, qu'il a opéré à terme. De même le vendeur peut, dès le 5 juin, posséder les 3 000 francs de rente qu'il vend à terme, c'est-à-dire livrables *fin juin*, et n'avoir opéré à terme que parce qu'il n'avait besoin de fonds qu'à cette date plus éloignée, ou pour tout autre motif. Dans ce cas, ni l'acheteur ni le vendeur n'ont fait en réalité une opération différente de celle qu'ils eussent faite au comptant. Mais là où la situation devient autre, c'est lorsque nous envisageons les opérations à terme faites *à découvert*, c'est-à-dire le cas où l'acheteur de la rente qui s'engage le 5 juin à payer 96 000 francs le 30 juin n'a pas les 96 000 francs en caisse, et où le vendeur qui s'engage le 5 juin à livrer le 30 juin un titre de 3 000 francs de rente ne possède pas ladite rente.

Nous sommes ici en présence d'opérations auxquelles le langage vulgaire a plus spécialement réservé le nom de spéculations.

Il y a dans cet engagement réciproque de l'acheteur et du vendeur des 3 000 francs de rente française un aléa qui le fait parfois désigner brutalement du nom de pari à la hausse ou la baisse sur les fonds publics, quoique ce soi-disant pari implique bien souvent tout autre chose que le jeu de hasard auquel on voudrait l'assimiler.

Mais il n'en est pas moins vrai que souvent l'acheteur qui n'a pas les 96 000 francs le 5 juin n'achète que dans l'espoir de revendre plus cher avant le 30 juin, date fixée pour son paiement, et que souvent aussi le vendeur qui n'a pas la rente le 5 juin ne vend que dans l'espoir de la racheter meilleur marché avant le 30 juin, date fixée pour sa livraison.

Cette catégorie d'opérateurs, nous en ferons volontiers l'aveu, n'offre guère d'intérêt au point de vue général. Leur action dans l'ensemble du mouvement économique de la nation n'a rien de nécessaire, et, si les affaires à terme n'avaient d'autre raison d'être que de permettre ou de favoriser de semblables échanges, nous ne serions pas de ceux qui s'opposeraient à leur suppression, en admettant que cette suppression fût possible, ce qui reste à démontrer.

Et pourtant, même ici, l'économiste ne peut s'empêcher de constater que ces spéculateurs remplissent sans en avoir conscience un rôle qui a son utilité. Grâce à la multiplicité, à la fréquence de leurs achats et de leurs ventes, ils élargissent singulièrement ce qu'en termes techniques on appelle le marché d'une valeur. Pour ce qui est en particulier de la rente française, notre ministre des finances serait sans doute le dernier à vouloir la mort de ce groupe nombreux et bruyant de « parieurs » sur nos fonds publics qui ne songent, il est vrai, qu'à réaliser journellement de petits bénéfices grâce aux écarts pratiqués sur les cours, mais qui, par la masse incessante de leurs opérations, donnent au marché de nos rentes une ampleur, une étendue et une force de résistance incomparables. La multitude des ordres transmis en sens contraire agit comme une synthèse de courants qui maintiendrait la surface des eaux à peu près immobile; les forces opposées, quelle que soit leur grandeur, s'annulent. C'est grâce à cet état de choses que les échanges de nos rentes peuvent se faire sur la place de Paris avec une facilité sans égale au monde. Les consolidés anglais eux-mêmes sont loin de présenter une élasticité semblable. Des millions de rentes françaises s'achètent et se vendent sans que les cours varient d'une fraction appréciable. Le lecteur sent de quelle importance sont pour le Trésor la constitution et le maintien d'un marché pareil, qui apporte un concours précieux, presque indispensable, à l'émission de chaque nouvel emprunt national.

Mais ce n'est pas le lieu d'insister sur ces considérations techniques et spéciales. Aussi bien avons-nous déclaré que nous ne nous ferions point l'avocat de ces spéculations sans autre but que la réalisation d'un bénéfice par la hausse ou la baisse de l'objet acheté ou vendu à découvert. Mais elles ne forment qu'une bien faible part de l'ensemble des transactions à terme, lesquelles sont au contraire indispensables, dans bien des cas, à la conduite régulière des affaires d'un financier, d'un commerçant, d'un industriel et même d'un simple particulier.

Nous n'avons pas à revenir sur le cas si simple et si fréquent de l'acheteur qui, sans être encore nanti d'une somme qu'il attend à date fixe, désire profiter du cours actuel pour s'assurer la possession d'un titre ou d'une marchandise. Je sais par exemple qu'un montant de 100 000 francs dont j'ai hérité, ou qui m'est dû en vertu d'une assurance ou pour tout autre motif, me sera compté à la fin du mois; la rente française est aujourd'hui cotée 96 pour 100 et j'ai lieu de supposer que ce prix ira en augmentant; j'ai tout intérêt à conclure mon achat dès maintenant.

Un fondeur sait qu'il recouvrera une certaine somme par les paiements de ses clients auxquels il a vendu des lingots de fer ou de cuivre. Il constate, d'autre part, que le cours du minerai de cuivre ou de fer est à un taux bas, et désire en profiter pour s'approvisionner : n'est-il pas heureux de se trouver en face d'un marché à terme, sur lequel il peut dès à présent s'assurer le cours de sa matière première, avant même d'avoir les deniers en main?

Le marché à terme est souvent indispensable au producteur et à l'acheteur de marchandises pour l'*empêcher de spéculer*. Voici, par exemple, l'agriculteur russe, propriétaire en Podolie, qui désire vendre dès le 15 mai sa future récolte de blé à un négociant de Marseille, parce qu'il trouve satisfaisant le prix que lui offre celui-ci. Supposons que le prix soit de 20 francs le quintal métrique. Le vendeur russe devra transformer les francs en roubles, c'est-à-dire calculer combien ces 20 francs, au cours du 15 mai, représentent de roubles : supposons que la cote du papier sur Paris en Russie soit 40, c'est-à-dire que pour 100 francs on obtienne 40 roubles. Notre propriétaire sait qu'il recevra 8 roubles par quintal. Mais puisque son blé ne sera récolté qu'en août et n'arrivera à Odessa, port d'embarquement, qu'en septembre, et à Marseille qu'en octobre, il ne sera payé qu'à cette dernière époque ; il ne peut donc vendre ses francs que livrables en octobre ; s'il n'existait pas un marché à terme sur les changes, il ne pourrait vendre son blé qu'en risquant de subir une perte notable par suite de fluctuations possibles du cours du change, de mai à octobre. En effet, qu'à cette dernière époque la cote de Paris en Russie soit tombée à 30, c'est-à-dire 30 roubles pour 100 francs, et l'agriculteur ne recevra plus que 6 roubles par quintal, c'est-à-dire les trois quarts seulement du prix qu'il réalisait en mai.

Ce que nous disons là est tellement la vérité que les négociants allemands déclarent en ce moment même éprouver les plus grandes difficultés à continuer leurs affaires d'exportation en Russie, parce que les dernières mesures du ministre des finances, à Saint-Pétersbourg, tendent à entraver le libre fonctionnement du marché à terme qui existait à Berlin sur les roubles. Les maisons les plus sérieuses, les plus étrangères à la spéculation, se voient placées dans l'alternative de renoncer à cette branche de leur négoce ou de courir tous les risques des fluctuations du change pendant la période qui s'étendra de la conclusion du contrat à son entier accomplissement. Or ces risques sont tels qu'ils peuvent non seulement absorber le bénéfice attendu de l'opération, mais encore constituer les exportateurs en perte.

Il nous semble inutile de prolonger la démonstration de la légitimité de l'opération à terme, à découvert, même au sens strict du mot, pour les cas innombrables qui rentrent dans cette catégorie. Il faut aller plus loin et prouver que l'opération à découvert constitue bien souvent un acte de sage administration, de précaution nécessaire, alors même que l'acheteur sait qu'il n'aura point les deniers et que le vendeur n'est point certain d'être nanti du titre ou de la marchandise dont il promet la livraison.

On appelle arbitrage, en matière de Bourse, l'opération qui a pour but d'échanger un titre contre un autre. Elle procède de l'idée que, toutes choses égales d'ailleurs, le premier est trop cher relativement au second; que, par

exemple, la rente 3 pour 100 d'un État soit cotée
85 pour 100, et la rente 4 pour 100 du même
État 98 pour 100, il sera tentant d'arbitrer la
première contre la seconde, c'est-à-dire de
vendre ce 3 pour 100 qui ne rapporte que 3,52
pour 100 en achetant le 4 qui rapporte 4,08
pour 100. La spéculation qui consistera à vendre
à découvert le 3 pour 100 afin d'acheter à découvert le 4 pour 100 ne mérite point d'être assimilée à un jeu. Il s'agit, en effet, de deux dettes
du même État, qui, par conséquent, présentent
le même degré de sécurité; toutes les circonstances extérieures qui affecteront l'une nuiront
également à l'autre. Une guerre, par exemple,
qui ferait baisser le 3 pour 100 ne pourrait
laisser le 4 pour 100 immobile. Opérer dans le
sens indiqué, c'est donc agir en vertu d'un raisonnement par lequel l'arbitragiste a perçu,
plus tôt peut-être que la masse du public, cette
vérité que tôt ou tard deux engagements émanés
du même débiteur doivent se coter à un prix
sensiblement égal. Ce même raisonnement lui
indique que, tout en achetant le 4 pour 100 et
en vendant le 3 pour 100 à découvert, il ne court
qu'un risque limité; il fait une opération commerciale, puisqu'il n'attend que le moment où,
le 3 ayant baissé et le 4 remonté, il rachètera
l'un et revendra l'autre.

Cet arbitrage est tout différent de la simple
attente d'une hausse ou d'une baisse due à des

événements fortuits; il repose sur une déduction en quelque sorte mathématique.

D'autres exemples montreront d'une façon
plus éclatante quels services sérieux peut rendre
le marché à découvert et comment il permet de
diminuer les risques des opérations financières,
commerciales et industrielles.

Voici un banquier qui négocie avec une compagnie de chemin de fer pour acheter d'elle
une certaine quantité de ses obligations, que
nous supposerons, comme c'est presque toujours le cas en France, garanties par l'État. Le
banquier remplit ici le rôle d'intermédiaire entre
ceux qui ont besoin de capitaux, dans l'espèce
la compagnie de chemin de fer, et ceux qui
cherchent au contraire à placer leurs capitaux,
c'est-à-dire le public qui va acquérir ces obligations. Depuis le moment où le banquier aura
signé avec la compagnie le traité d'achat jusqu'à
celui où il aura revendu les titres à ses clients,
il s'écoulera un temps plus ou moins long,
durant lequel le banquier courra tout le risque
d'une baisse possible. Qu'une guerre éclate, et
cette baisse pourra atteindre des proportions
qui affecteront d'une façon fâcheuse la situation
de sa maison. Or il est un moyen de s'assurer
contre ce danger. La rente française est une
créance sur le débiteur qui a garanti les obligations de la compagnie de chemin de fer, l'État
français. Vendre de la rente, c'est donc, sous

une autre forme, diminuer l'engagement contracté par l'achat des obligations. Une baisse violente ne pourra atteindre ces dernières que si le crédit de leur garant vient à fléchir. La même cause ne pourrait manquer de faire baisser la rente française. Le banquier réaliserait alors, du chef de ce recul, un profit qui viendrait compenser ou atténuer la perte résultant pour lui de la baisse des obligations. En étant ainsi vendeur de rente, il aura éteint le risque qu'il courait à être acheteur d'obligations. Or il ne peut le faire que grâce au marché à terme, à découvert, qui lui permet de conserver cette position jusqu'au jour où son opération sera entièrement liquidée, c'est-à-dire où il aura réalisé toutes les obligations de la compagnie de chemin de fer. Au fur et à mesure de ses ventes, il rachètera une quantité proportionnelle de rente. Si ces rachats s'opèrent à des prix supérieurs au prix de la vente à découvert, il en résultera une perte pour le banquier; mais cette perte ne sera qu'une diminution de bénéfice, puisque évidemment la hausse de la rente française aura amené celle des titres garantis par le gouvernement français et que, par conséquent, les obligations auront monté et auront été vendues d'autant plus cher par le banquier. C'est une véritable assurance qu'il aura organisée lui-même et dont il paiera volontiers la prime pour se garantir contre toute éventualité.

Passons du domaine des valeurs à celui des marchandises. Voici un meunier qui, jugeant la récolte indigène insuffisante, s'approvisionne en blés étrangers. Il achète dès le mois de juin un chargement de froment américain qui part de San Francisco et n'arrivera en France que vers le mois de novembre. Le prix en est naturellement fixé dès maintenant; le meunier n'a consenti à le payer que parce que le cours de la farine, aujourd'hui coté, lui laisse une marge, c'est-à-dire lui permet de payer ledit prix, de couvrir ses frais de fabrication et autres, et de réaliser encore un bénéfice.

Mais peut-il attendre pour vendre sa farine que le voilier californien ait accosté dans le port auquel il est destiné? Peut-il attendre que les trente, quarante ou soixante mille sacs de blé qu'il porte dans ses flancs, aient été débarqués, comptés, pesés, réexpédiés au moulin? Peut-il attendre que les cylindres aient broyé tout ce grain et que les sacs de farine aient été apportés au marché? N'est-il pas possible qu'à ce moment-là, c'est-à-dire en novembre ou décembre prochain, les cours de la farine soient inférieurs à ceux d'aujourd'hui, et qu'en vendant à la cote d'alors, le meunier, au lieu de réaliser un bénéfice légitime, subisse une perte notable? Or le marché à terme, qui lui permet de vendre dès le mois de juin, mais livrables seulement en novembre et décembre prochain, les quinze, vingt ou trente mille sacs de farine qu'il fabriquera au moyen de son blé américain, lui donne le moyen de supprimer ce risque intolérable, contraire à tous les principes d'une sage gestion. Non seulement cette opération à découvert ne constitue pas une spéculation dans le sens défavorable du mot; mais elle en est le contraire; non seulement elle n'est pas un jeu, mais elle supprime la part du hasard. Elle permet à l'industriel de rester dans son rôle, qui est de trouver un bénéfice légitime, assuré d'avance, dans l'écart entre le prix de la matière première et de l'objet fabriqué.

Le maître de forges qui achète des minerais de fer dont les livraisons sont espacées sur une période de plusieurs années, les compagnies de chemins de fer, de gaz, de bateaux à vapeur, qui font des marchés à terme pour des charbons à cinq et dix ans d'échéance, achètent des marchandises dont elles n'ont pas la contre-valeur en caisse.

Inversement, les propriétaires de mines ou de houillères qui s'engagent à livrer des millions de tonnes de pyrite ou de combustible non encore extraites des entrailles de la terre, qu'ils supposent devoir y être enfermées, mais dont ils ne sont pas mathématiquement certains de pouvoir disposer aux époques fixées pour la livraison, opèrent certainement à découvert.

Songe-t-on à leur en faire un grief? Tout le monde ne reconnaît-il pas au contraire que ce sont là des actes de sage administration, que c'est, après s'être assuré pour une longue période des revenus constants, que les compagnies pourront établir leurs budgets, connaître les sommes qu'elles devront consacrer à des travaux d'amélioration, fixer équitablement les salaires de leurs ouvriers, en un mot procéder à une exploitation rationnelle de leur industrie?

Voilà l'ensemble des phénomènes que doit considérer celui qui veut comprendre la spéculation. Thalès de Milet, le célèbre philosophe grec, acheta un jour toute la récolte d'olives de son district. Des intempéries survinrent qu'il avait prévues grâce à ses connaissances météorologiques; elles augmentèrent considérablement la valeur de ces fruits. C'est la seule réponse que Thalès fit à ses amis « pratiques » qui lui avaient un jour objecté l'inutilité de la science. « Si les savants ne s'enrichissent pas, leur dit-il en riant, c'est qu'ils le dédaignent; mais les spéculations leur sont plus faciles qu'aux autres, car ils savent mieux raisonner. » Thalès achetait sans doute à terme des olives qui n'avaient pas encore mûri. Il n'avait pas en caisse tous les talents d'argent nécessaires pour solder son achat; c'était le marché à découvert dans toute son horreur. Nous sommes loin de l'*anti-option*

bill, récemment proposé aux chambres américaines, mais rejeté par elles, et qui eût supprimé le marché à terme des blés de New York
et de Chicago. Certains agriculteurs de l'Ouest
s'étaient imaginé que ce marché à terme les
mettait à la merci des spéculateurs : c'est le
contraire de la vérité.

Le marché à terme est un grand régulateur,
précisément parce qu'il permet l'intervention de
la spéculation. Que se passe-t-il en effet là où
le détenteur de la marchandise, obligé de vendre, ne se trouve en présence que de celui qui a
l'argent comptant? Il est contraint d'accepter le
cours que ce dernier lui offre, si bas qu'il soit.
Ceux qui assistent désarmés, c'est-à-dire sans
détenir de numéraire, à ce contrat léonin, ne
pourraient intervenir pour en améliorer les conditions, s'ils n'avaient pas la ressource d'acheter
à terme, de spéculer à la hausse. Nous n'avons
pas besoin de traverser l'Atlantique pour le
constater. Dans beaucoup de nos départements,
aussitôt après la récolte, le paysan vend son
blé au marchand qui lui apporte des espèces
sonnantes à des prix souvent dépréciés; mais
ces prix seraient encore bien autrement bas
si le paysan ne pouvait et ne savait opposer
aux prétentions de son acheteur le cours des
halles.

Or ces cours, qui s'appliquent à des époques
à venir comme aux livraisons immédiates, sont

constamment réglés par la spéculation, qui opère d'après les cotes indigènes et étrangères, d'après les perspectives de la récolte dans les divers pays du monde, qui, en un mot, fait entrer en ligne de compte tous les éléments de nature à exercer une influence légitime sur la denrée.

C'est là un des cas nombreux où la spéculation empêche l'avilissement des prix, dans l'intérêt du producteur, et, en particulier, du plus intéressant de tous, du cultivateur. On lui reproche d'aller parfois trop loin dans cette voie et d'arriver à un résultat contraire, c'est-à-dire de nuire aux intérêts du consommateur. Elle exagère, dit-on, les cours dans l'espoir de revendre plus cher au public le stock de denrées accumulées par elle; — et voilà formulée cette terrible accusation d'accaparement qui fit jadis éclater si souvent les colères populaires.

A vrai dire, dans le monde moderne, dans une Europe et une Amérique sillonnées de chemins de fer et de canaux, nous ne croyons guère à la possibilité sérieuse d'un accaparement quel qu'il soit, en dehors, bien entendu, de circonstances spéciales telles qu'une guerre ou un siège. Aussitôt qu'un cas semblable se présente, tout le monde est d'accord pour accepter la nécessité de mesures spéciales qui mettent bon ordre à toute tentative de ce genre, si elle vient

à se produire. Pendant l'investissement de Paris,
en 1870-71, personne n'a songé à critiquer l'institution de boucheries municipales qui ration-
naient la viande vendue à chaque habitant et en
réglementaient le prix. Mais, dans la vie ordinaire des peuples contemporains, qui peut avoir
la prétention de dicter le prix d'une denrée de
première nécessité? Quel serait l'homme à la
fois assez riche et assez insensé pour acheter la
récolte en blé de la France, qui représente une
valeur moyenne de deux milliards de francs? et
quand il aurait réussi à exécuter ce projet chi-
mérique, quand il essaierait de faire monter le
prix au delà du cours vrai devant résulter des
mille influences légitimes esquissées tout à
l'heure, le monde entier, l'Inde, l'Australie, la
Russie, l'Amérique du Nord, la Plata, le Chili,
ne seraient-ils pas là pour diriger en toute hâte
sur nos ports des flottes de voiliers et de vapeurs
qui apporteraient des montagnes de blé, atti-
rées par les prix en hausse cotés sur les marchés français? L'afflux de ces marchandises
arrêterait vite toute tentative de hausse; bien
plus, elles amèneraient une baisse qui permettrait au consommateur, à l'ouvrier français, de
manger son pain à meilleur marché qu'il ne
l'eût fait s'il eût été réduit aux seules ressources
de la récolte indigène.

Tel est l'effet à peu près inévitable des acca-
parements, ou plutôt des tentatives d'accapare-

ment, à la fin du xixe siècle. Cela s'est vérifié pour les blés il n'y a pas longtemps. En 1891, la récolte française avait été une des plus mauvaises du siècle : il faudrait presque remonter à 1847, alors que la France dut vendre des rentes à la Russie, afin de lui solder une partie de ses importations de blé, pour en trouver une semblable.

Nous dûmes faire venir du dehors près de quarante millions d'hectolitres de froment, et cela au moment où la Russie, cet ancien grenier d'abondance de l'Occident, souffrait de la disette et interdisait la sortie des céréales de ses frontières. Tout semblait conspirer pour amener le prix du blé à des hauteurs depuis longtemps inconnues. Or que s'est-il passé? Le quintal métrique ne s'est jamais élevé à plus de 31 francs et, dès le mois de novembre, il était retombé à 28 francs pour redescendre graduellement encore l'année suivante. Il est indiscutable que ce fait si favorable, nous le répétons, à l'ensemble de la population française, a été dû aux importations énormes de blé. Les importateurs ont été mus évidemment par l'espoir de réaliser un gain. Quelques-uns d'entre eux ont-ils rêvé plus que des bénéfices légitimes? Nous ne le croyons pas. En tout cas, ils ont dû être cruellement déçus, car tous ceux qui n'ont pas eu la sagesse de vendre à l'intérieur en même temps qu'ils achetaient au dehors, et cela grâce au marché à terme, ont vu dans bien des cas les cours, au moment de la vente, tomber au-dessous des prix d'achat. A qui donc ces soi-disant accapareurs ont-ils fait du tort, si ce n'est à eux-mêmes?

Qui ne se souvient du fameux syndicat des cuivres, qui, en 1889, voulut réglementer la production de ce métal dans le monde entier? Cet accaparement paraissait plus aisé que celui du blé, puisque le nombre des mines qui fournissent ce minerai est limité et qu'une entente semblait possible entre tous les producteurs pour ne pas vendre au-dessous d'un certain prix. Dès le mois de mars 1890, le marché des cuivres s'effondrait sous le poids du stock accumulé, et le consommateur achetait à 930 francs la tonne le métal qu'il payait 1 200 et 1 300 francs avant la grande opération et que celle-ci avait tenté de porter au delà de 2 000 francs.

Quand les Américains essayèrent, il y a quelques années, de faire ce qu'ils appellent un *corner*, c'est-à-dire une hausse brutale, sur le blé, le résultat en fut que les banques de Nevada qui avaient fourni les fonds tombèrent en faillite et qu'on vendit à Londres des cargaisons à 10 pour 100 au-dessous de leur valeur. Lorsqu'un spéculateur téméraire poussa les huiles de colza sur le marché de Paris à des prix déraisonnables, les chemins de fer de l'Est y amenèrent en quelques semaines de Hongrie et d'Alle-

magne de telles quantités d'huile que le prix
retomba plus bas qu'il n'avait jamais été.

On voit à quel dénoûment aboutissent les
excès des acheteurs à découvert : à permettre
au public de s'approvisionner finalement à meilleur marché qu'il ne l'eût fait sans cette intervention de la spéculation. — Ceci nous donne le
droit de conclure que la spéculation à la hausse
n'est jamais, en fin de compte, désastreuse pour
la communauté; ses excès eux-mêmes, qu'il
convient de flétrir, ne nuisent qu'aux individus
qui s'en rendent coupables, mais non pas à l'ensemble de la nation.

Il en est exactement de même de la spéculation à la baisse, dont les excès peuvent être plus
dangereux encore pour ceux qui s'y livrent. Il y
a en effet dans cet ordre d'engagements quelque
chose d'illimité, au moins en théorie. Celui qui
achète une valeur ou une marchandise moyennant un certain prix sait qu'il ne pourra jamais
perdre plus que le prix même de cette valeur ou
de cette marchandise [1]. Encore, lorsqu'il s'agit
d'une marchandise, cette hypothèse peut-elle
être taxée d'absurde, puisque le blé, le sucre,
le cuivre, vaudront toujours quelque chose. Mais
celui qui vend à découvert le titre ou la mar-

1. Sauf le cas d'une action non libérée nominative, dont
l'acheteur peut non seulement perdre son premier versement, mais être tenu d'en faire d'autres jusqu'à concurrence
du montant nominal du titre. Nous ne citons que pour
mémoire le cas des actionnaires des banques anglaises qui

chandise qu'il n'a point ne sait pas à quel prix il pourra être forcé de les racheter pour en opérer la livraison promise par lui.

Il convient d'examiner séparément le cas du vendeur de marchandises et du vendeur de valeurs dites mobilières. Le premier, à moins qu'il ne s'agisse d'une denrée très rare, produite en un seul point du globe, est pour ainsi dire certain de trouver toujours le moyen de remplir son engagement. Quand le cuivre avait été poussé à 2 000 francs la tonne, on rencontrait sur les grands chemins de l'Inde des indigènes qui apportaient leurs ustensiles de cuivre aux fondeurs des villes, pour les transformer en lingots et les vendre aux prix inespérés dont les échos étaient venus jusqu'aux bords du Gange et de l'Indus. Ils fournissaient ainsi, sans le savoir, aux spéculateurs à découvert qui avaient jugé la hausse extravagante, le moyen de régler leurs engagements. Le vendeur d'un titre, au contraire, s'expose à rencontrer en face de lui un acheteur qui, ayant acquis par exemple toutes les actions d'une société, en exige la livraison. Le vendeur pourra alors être obligé d'offrir aux détenteurs de ces actions des prix fantastiques

sous l'ancienne législation étaient responsables *in infinitum* sur la totalité de leurs biens, exactement comme l'associé d'une maison en nom collectif. Ces établissements ont été remplacés aujourd'hui par des compagnies anonymes, où la responsabilité des actionnaires est limitée au montant du titre. Il en existe où cette responsabilité s'élève au double.

pour les décider à s'en dessaisir en sa faveur.
On a vu des opérations de ce genre réussir et
faire conclure à l'immoralité des marchés à
terme. Mais qui force un vendeur à promettre
ce qu'il n'a pas? Et encore, même ici, c'est à lui
seul qu'il nuit : car au point de vue de l'intérêt
général, on peut dire avec raison qu'il s'est
opposé ou a essayé de s'opposer à une poussée
exagérée des cours.

Souvent le vendeur à découvert rend un véritable service en devinant une baisse ultérieure
dont les causes restent encore cachées aux yeux
du plus grand nombre. Certains symptômes, qui
passent inaperçus d'observateurs moins attentifs,
pourront faire prévoir à un spéculateur un recul
dans les cours d'un fonds d'État, soit que l'étude
approfondie du budget l'amène à conclure à la
nécessité d'une nouvelle émission de rentes,
soit que l'observation des marchés lui fasse
pressentir l'éclosion d'une crise qui aura son
contre-coup sur les cotes de toutes les valeurs.
Quel est alors le double effet de ses ventes à
découvert? D'une part l'offre de titres qui se
produit à la Bourse arrête la hausse et fait que
les acheteurs paient moins cher la rente qu'ils
veulent acquérir. Si le titre est destiné à baisser
ultérieurement, leur perte sera atténuée de
toute la somme qu'ils eussent dû débourser en
plus dans le cas où, le vendeur à découvert
n'ayant pu opérer, la demande n'eût été servie

qu'à un prix plus élevé. D'autre part, celui qui a vendu à découvert devra racheter un jour ou l'autre. Qu'une panique se produise, ou simplement qu'un recul violent soit provoqué par l'un des événements prévus par le spéculateur, celui-ci interviendra sur le marché pour acheter à l'heure où tout le monde veut vendre. La demande qui arrive ainsi au moment psychologique remplit le rôle d'une troupe fraîche sur un champ de bataille où l'armée battait en retraite : grâce à ce renfort, l'offensive est reprise et la confiance rétablie.

D'une façon générale, le spéculateur agit comme un régulateur : c'est le volant de la machine qui entretient la constance du mouvement et s'oppose à son ralentissement aussi bien qu'à un excès de vitesse. Le spéculateur à la hausse intervient quand les prix lui paraissent dépréciés outre mesure; quand, par exemple, l'action d'une société dont le capital est intact tombe au-dessous du pair. Le spéculateur à la baisse cherche à rétablir l'équilibre quand l'entraînement du public pousse les cours à des hauteurs déraisonnables, paie des primes excessives et tend à porter les titres à des prix qui ne sont plus en rapport avec le revenu qu'ils donnent.

D'ailleurs il ne faut pas raisonner de ces matières *in abstracto* et comme si toutes ces spéculations étaient la chose du monde à la fois

la plus aisée et la plus ordinaire. Elles ne se
font ni par les premiers venus ni pour les premiers venus. Elles se produisent sur des marchés organisés où des intermédiaires, souvent
fort importants, n'acceptent d'ordres que de
particuliers ou de sociétés en mesure de supporter les risques encourus. Des erreurs de
jugement se commettent là comme ailleurs :
mais ce serait se tromper fort que de croire
qu'il est loisible à chacun d'engager des opérations téméraires.

Quoi qu'il en soit, la spéculation n'est que
l'application d'un raisonnement juste ou faux à
des entreprises commerciales, financières et
industrielles. A ce titre seul, elle mérite déjà
d'être considérée autrement qu'une œuvre de
hasard et de jeu. Elle n'est nullement spéciale
au commerce de la banque, qui est au contraire
un de ceux, comme nous allons essayer de le
démontrer, qui peuvent le mieux s'en passer.
Elle ne se borne pas aux affaires de Bourse,
même si l'on prend ce dernier terme dans son
acception la plus générale, c'est-à-dire l'ensemble des marchés où se traitent les marchandises
aussi bien que les valeurs. Elle est le ferment
qui détermine le mouvement des échanges : sans
elle, tous nos besoins, aujourd'hui si vite et si
aisément remplis, risqueraient souvent de dégé-
nérer en souffrances, faute des objets nécessaires
à leur satisfaction, que la spéculation va con-

stamment chercher là où ils sont en excès pour les transporter là où elle espère qu'ils seront plus demandés. Elle assure l'approvisionnement des villes, des nations, en fournissant sans relâche les matières premières nécessaires; elle permet à leur outillage industriel, maritime, militaire, d'être toujours entretenu et renouvelé.

Les excès en sont condamnables; mais ils sont bien peu de chose par rapport à l'immense activité du commerce et de l'industrie légitimes, dont la spéculation est le moteur initial. Le public est frappé par les explosions retentissantes de grands désastres, ou irrité par l'échafaudage rapide de certaines fortunes soudainement écloses. Il oublie de considérer les milliards de transactions quotidiennes, qui n'amènent à leur suite ni ruines ni enrichissements excessifs. Ces derniers sont une exception telle que le philosophe peut et doit en faire abstraction; il est même rare que ceux qui ont progressé aussi vite sachent conserver ce qu'ils ont amassé et ne reperdent point par la même voie les sommes qu'ils ont gagnées hâtivement. L'expérience nous prouve que les fortunes acquises par le travail sont les seules qui se conservent : une justice immanente des choses récompense finalement chacun selon ses œuvres. Certaines exceptions n'infirment en rien la démonstration de ce que nous croyons être la vérité, à savoir que la spéculation est légitime en principe. Ses écarts ne peuvent malheureusement pas être définis à l'avance par des textes législatifs, car ils résultent de la personnalité de ceux qui opèrent beaucoup plus que de la nature des opérations. Tel achat fait par un capitaliste puissant ne constituera pour lui qu'un emploi légitime de ses disponibilités, qui serait de la part d'un homme sans ressources un véritable jeu. Il est du reste probable que ce dernier, dans la plupart des cas, ne trouverait pas d'intermédiaires pour exécuter ses ordres, si bien qu'un remède préventif l'empêchera de donner suite à son intention. Mais réussît-il à le faire, que la société est impuissante à y mettre obstacle. Comment rendre le suicide impossible? Quand le législateur a essayé de frapper la spéculation, il a édicté l'article du code qui assimilait les marchés à terme à des paris, et refusait en conséquence toute action pour en exiger le règlement. Ce texte de loi a-t-il empêché les immenses spéculations à la Bourse qui ont marqué la seconde moitié du siècle, et qui se sont poursuivies grâce à l'honnêteté des intermédiaires et à la confiance qu'ils avaient dans leurs commettants? A quoi a-t-il servi? A permettre à des gens de mauvaise foi de refuser de payer à leurs agents de change les différences dont ils étaient devenus débiteurs, après avoir souvent encaissé leurs bénéfices chez les mêmes

intermédiaires. Aussi le parlement a-t-il sage-
ment agi en reconnaissant par la loi de 1885
la validité des marchés à terme qui se prati-
quaient couramment avant cette date, mais dont
il importait de sanctionner à tous les yeux la
parfaite légitimité.

CHAPITRE II

DE LA VÉRITABLE FONCTION DE LA BANQUE

Parmi toutes les spéculations auxquelles donnent lieu les échanges des produits de l'activité humaine, il n'en est point qui aient attiré davantage l'attention du public et l'intervention des pouvoirs législatifs que celles qui ont pour objet les créances ou les parts d'intérêts qui s'appellent rentes, actions, obligations et qu'on désigne communément sous le nom de valeurs mobilières. La création et la négociation de ces valeurs étant un des attributs de la Banque, bien qu'elles soient loin, comme on semble parfois le croire, d'en constituer l'unique objet, une étude de cette dernière nous paraît être la suite indispensable de nos recherches sur la spéculation.

La Banque est cette branche de l'activité économique qui a pour objet le commerce des capitaux indispensables aux autres négoces. Elle constitue dans son ensemble le réservoir où viennent puiser toutes les entreprises; sa mission consiste, d'une part à recueillir les sommes disponibles qui cherchent un emploi fructueux, d'autre part à mettre ces sommes en valeur en les faisant servir au commerce, à la finance, à l'industrie, dans leurs formes et leurs applications les plus diverses. C'est une pompe à la fois aspirante et foulante : elle sollicite l'épargne, en recueillant les moindres capitaux, fruit du travail et de l'économie, puis elle lance dans la circulation les ressources ainsi concentrées par elle, qui permettent la création constante de nouvelles entreprises, l'utilisation de nouvelles forces, la production de nouvelles richesses. Son rôle est indispensable : elle est l'intermédiaire nécessaire entre la fraction de la nation arrivée par son travail ou celui des générations précédentes à posséder du numéraire, et cette autre partie de la communauté qui n'en possède point ou n'en possède pas assez pour mettre en pleine exploitation son capital de force matérielle et intellectuelle.

Les premiers sont les détenteurs des capitaux qu'ils ont produits ou dont ils ont hérité : ils sont les consommateurs de ce que produisent les seconds. Gardons-nous d'ailleurs de vouloir assigner une portée mathématique à cette division. La plupart des hommes sont à la fois producteurs et consommateurs. Les ranger exclusivement dans l'une ou l'autre catégorie, c'est commettre une inexactitude évidente. Ce classement n'a d'autre but que de faire ressortir la fonction prédominante chez l'individu, et encore cette prédominance change-t-elle bien souvent avec l'âge : celui qui a été producteur durant sa jeunesse et son âge mûr redevient, sur le tard, ce qu'il était comme enfant : un consommateur.

Quoi qu'il en soit, et sans vouloir insister sur les déductions philosophiques qui découlent de cette constitution de la société humaine, notamment au point de vue de la légitimité de l'héritage, elle nous paraît expliquer d'une façon à la fois claire et définitive le rôle et la fonction du banquier. Ce rôle et cette fonction sont méconnus pour deux raisons : la première, c'est que ce nom est quotidiennement usurpé par des gens dont les occupations n'ont qu'un rapport lointain ou même aucun rapport avec ce qui est l'objet propre et le but de cette carrière; la seconde, c'est que l'infinie variété des objets auxquels elle s'applique en rend la parfaite compréhension très difficile : alors que le médecin, l'avocat, l'ingénieur n'ont besoin que d'une somme de connaissances définie, le banquier peut être amené à étudier les entreprises les plus variées, les questions les plus dissemblables. S'il est sollicité par un gouvernement de prendre les titres d'un emprunt, il devra se faire homme d'État et juger à la fois les ressources du pays, les éléments de ses revenus, sa politique même, puisque la valeur du gage augmentera ou diminuera selon la sagesse ou l'imprudence des souverains, des ministres ou des parlements responsables de la conduite de la nation. Qu'il s'agisse de fournir à un chemin de fer les capitaux nécessaires à la construction, le banquier devra se faire à la fois entrepreneur et ingénieur pour évaluer le coût de la ligne, économiste pour supputer le trafic probable des contrées traversées. Si c'est une usine qui se crée, toutes les questions de premier établissement, de main-d'œuvre, de prix de revient, de débouchés devront être examinées et résolues ; qu'une compagnie d'assurances se fonde, rien de ce qui concerne la fixation des tarifs, des tables de mortalité, ne devra être laissé de côté. Cette énumération pourrait être développée pendant des pages. On nous objectera que pour chacun de ces cas le banquier peut et doit se faire assister par des gens du métier, dont la compétence technique facilitera sa tâche et lui permettra de prendre ses résolutions en pleine connaissance de cause : mais le choix des hommes est aussi malaisé que l'étude des choses, et encore faut-il n'être pas soi-même étranger aux objets sur lesquels on recueille les avis d'autrui. Cette multiplicité d'aptitudes est telle que l'homme vraiment capable d'être un parfait banquier est, nous ne craignons pas de le dire, un de ceux qui méritent d'occuper les échelons les plus élevés de la hiérarchie intellectuelle.

Comme il y a une modestie pour les nations aussi bien que pour les individus, nous ne chercherons pas en France des exemples qu'il nous serait aisé de citer. Nous nous bornerons à demander à nos lecteurs si l'œuvre d'hommes comme Ricardo, qui fut un des plus grands économistes du siècle, comme Georges Goschen, chancelier de l'échiquier dans le dernier cabinet conservateur-unioniste, sir John Lubbock, dont les écrits philosophiques révèlent une si profonde connaissance du cœur humain, ne démontre pas d'une façon péremptoire à quelle hauteur de conception, à quelle largeur de jugement la profession de banquier, bien comprise et dignement exercée, peut conduire ceux qui la suivent [1].

Malheureusement la difficulté d'atteindre non pas même à la perfection, mais à une possession suffisante de la science nécessaire, est telle que bien peu y arrivent. Le manque autrefois général, aujourd'hui moindre, d'un enseignement à la fois précis et supérieur, ajoute singuliè-

1. Ricardo fut simple courtier de change; Goschen, chef de la grande maison Frühling et Goschen, et Lubbock, de la non moins importante banque Robbart-Lubbock et C\ie.

rement aux dangers et aux incertitudes de la carrière. Comme elle est mal délimitée, les confins en sont envahis par des hommes étrangers à ses devoirs : le titre de banquier n'étant protégé par aucune loi, consacré par aucun diplôme, le premier venu peut s'en emparer et s'en empare en effet. C'est là une des raisons principales de la mésestime où une portion notable du public tient cette branche de l'activité humaine, qui mérite cependant une tout autre considération.

Avant d'aller plus loin, il faut avertir le lecteur que le mot banquier, dans notre langue, a reçu une extension qui a beaucoup contribué à la confusion des idées en cette matière. La confusion ne s'est malheureusement pas arrêtée aux mots : elle s'est étendue aux choses, et bien des erreurs, bien des déceptions, bien des ruines, sont peut-être dues à une simple logomachie qui a trompé tant d'hommes au début et au courant de leur carrière, en les empêchant d'en percevoir distinctement le but et les bornes.

En Angleterre, le *banker* est celui qui fait spécialement le commerce des capitaux, c'est-à-dire dont la fonction essentielle consiste, d'une part, à recevoir les dépôts du public et, d'autre part, à les faire fructifier. Au contraire, celui qui se lance dans les diverses entreprises financières, dont nous avons plus haut énuméré les exemples, se nomme *merchant*. En France, le banquier remplit indistinctement les deux rôles ; beaucoup les cumulent. Un certain nombre de sociétés et de maisons particulières semblent toutefois avoir fini par comprendre la nécessité de séparer les deux fonctions, et se sont adonnées exclusivement aux opérations de banque pure. L'étude que nous allons en faire nous servira à mettre en relief ce que ces opérations ont de scientifique et de raisonné. L'autre partie du domaine de la banque, plus vaste, moins bien délimitée, est beaucoup plus malaisée à explorer avec certitude : c'est pour s'y lancer que toutes les qualités énumérées tout à l'heure sont requises. Encore conviendrait-il d'ajouter aux connaissances nécessaires le caractère, plus rare que la science elle-même, la prudence et la décision, si bien qu'on a pu justement comparer le financier occupé à diriger de grandes entreprises à un chef d'armée. Un de nos plus brillants officiers supérieurs m'affirmait un jour qu'il trouvait des analogies frappantes entre les mérites qui assurent les succès de l'un et conduisent l'autre à la victoire.

Nous ne suivrons pas le banquier dans les nombreuses entreprises auxquelles son activité peut successivement s'appliquer, et dans lesquelles la spéculation est appelée à jouer son rôle. La première partie de notre travail a montré l'étendue de l'horizon qui lui est ouvert. Analyser

les variétés innombrables des affaires financières serait composer une encyclopédie. Celui
qui aurait la curiosité de s'en faire une idée
pourrait feuilleter l'annuaire de la chambre
syndicale des agents de change de Paris : dans
les centaines d'actions et d'obligations qui y
sont inscrites et qui forment l'aliment quoti-
dien des échanges à la Bourse, il trouverait une
partie des créations dues à l'activité des banques et des banquiers. Mais lorsque ceux-ci
fondent des sociétés, achètent et vendent des
titres, souscrivent des emprunts d'État, ils font
œuvre de finance et non point de banque pure.
Nous voudrions réagir contre l'usage funeste
qui a prévalu de confondre dans une même
dénomination des occupations aussi différentes.
Nous appellerions financiers et associations
financières les individus et les collectivités qui
n'imposent à l'emploi de leurs capitaux aucune
règle spéciale, qui sont prêts à étudier et à
exécuter toutes sortes d'entreprises, quelle
que soit la nature du risque. Nous aimerions
réserver le nom de banquiers et de banques aux
individus et aux sociétés qui ont pour fonction
essentielle ou principale de recevoir en dépôt
l'argent du public, de lui bonifier un certain
intérêt et de chercher, par voie de conséquence,
à faire fructifier cet argent, sous certaines réserves
et en observant certaines règles qui découlent
de la nature même de leurs opérations.

Cette distinction essentielle d'attributions correspond tout d'abord à l'origine des capitaux avec lesquels travaillent les uns et les autres. En principe, le financier emploie ses capitaux; et par là il convient d'entendre non pas seulement ceux qui sont sa propriété directe et personnelle, mais ceux des commanditaires dans une société en commandite, ceux des actionnaires dans une société anonyme. Ce sont des sommes d'argent qui restent engagées dans une maison aussi longtemps qu'elle existe, et qui lui permettent donc d'aborder les entreprises les plus diverses, sans avoir à se préoccuper d'aucun retrait de fonds : ni les commanditaires, ni les actionnaires ne peuvent reprendre leur mise avant l'expiration du terme assigné à la société. Une société qui ne doit d'argent qu'à des commanditaires ou à des actionnaires n'a de passif de ce chef qu'envers elle-même, façon de parler comptable, un peu barbare, mais qui a l'avantage de mettre en évidence une situation particulière. Au contraire la maison de banque ou la société de crédit qui reçoit les dépôts du public doit toujours être prête à restituer à ce public les sommes qu'il lui a confiées. Cet argent ainsi exigible ne peut évidemment recevoir des emplois analogues à ceux d'une commandite ou d'un capital-actions.

Telle est la première différence radicale, de laquelle découlent les autres; elle éclaire la question et permet de dégager les règles qui s'imposent.

Dans la pratique, la division théorique que nous venons d'établir ne se rencontre pour ainsi dire pas à l'état parfait. Une société en commandite ou par actions, dont la fonction principale n'est pas de solliciter les dépôts du public, est presque toujours amenée par le courant de ses affaires à en recevoir. Inversement, une banque de dépôts possède un capital propre, souvent minime par rapport à l'importance des sommes à elle confiées par les tiers, mais qui n'en constitue pas moins, dans l'ensemble des ressources avec lesquelles elle opère, une fraction distincte. Nous ne faisons d'ailleurs cette observation que pour ne pas nous exposer au reproche d'omettre aucune circonstance de la cause. La règle de conduite d'une banque résulte de sa fonction prédominante, et l'emploi d'un capital de quinze millions de francs, par exemple, sera d'une importance secondaire pour une société qui aura reçu cent millions de dépôts du public.

En résumé la banque pure doit être l'apanage de ceux qui travaillent avec l'argent des dépôts, tandis qu'il est loisible aux financiers, tels que nous les avons définis ci-dessus, de se lancer dans les entreprises qui leur conviendront et leur paraîtront offrir des chances de bénéfices supérieures.

A ceux qui s'imaginent que la banque est un jeu, nous répondrons en les invitant à essayer de se rendre compte de l'organisation et du fonctionnement d'un de ces grands établissements de crédit qui disposent par eux-mêmes d'un capital considérable et de sommes bien plus considérables encore que la confiance du public met à leur disposition. Quelle doit être la pensée, quelle est en effet la pensée dominante de ceux qui le dirigent? C'est l'emploi des capitaux qui y sont réunis : or cet emploi ne peut se faire d'une façon rationnelle qu'en excluant toute idée de jeu. L'établissement doit être toujours prêt à rembourser à ses déposants les sommes qu'ils lui ont remises; il doit donc en principe ne les employer qu'à acquérir des créances que nous appellerons à capital invariable, c'est-à-dire par exemple à escompter des effets de commerce et à faire des avances gagées par des titres ou d'autres garanties.

L'effet de commerce porte, dès le jour de sa création, l'indication certaine de la somme au paiement de laquelle il donnera droit le jour de l'échéance. L'avance, de son côté, consiste en une somme fixe, dont le montant est également déterminé d'une façon définitive et invariable à l'instant même où l'opération est conclue. Le seul élément de bénéfice dans ces deux cas est l'intérêt plus ou moins élevé prélevé proportionnellement au temps qui s'écoule entre le moment où le banquier avance l'argent et celui où il rentre dans ses fonds, par l'encaissement de l'effet à l'échéance ou le remboursement de l'avance à son expiration. L'idée de *l'intérêt* est l'idée maîtresse de ce commerce, nous dirions volontiers de cette industrie, qui s'appelle la banque. Et ceux-là seuls qui, comme certains théologiens du moyen âge, nient la légitimité de l'intérêt, sont en droit de critiquer la profession qui a pour but principal d'en appliquer les lois. La différence entre le taux bonifié aux déposants et celui qu'il est possible d'obtenir grâce aux divers emplois dont nous avons nommé les deux principaux, constitue la source essentielle des bénéfices du banquier : il n'en est pas de plus raisonnable, de plus conforme aux idées philosophiques. C'est la récompense directe et proportionnelle du travail, de la prudence, de la sagacité professionnelle. Celui qui dépose une certaine somme d'argent entre les mains d'autrui et ne s'en inquiète plus que pour toucher tous les ans ou tous les semestres les intérêts stipulés en sa faveur mérite évidemment un revenu moindre que celui qui s'efforce par une activité quotidienne, par une recherche constante des individus, des compagnies, et des gouvernements en quête de capitaux, de faire fructifier la même somme d'argent.

D'autre part, l'obligation qu'il a contractée de restituer les sommes à lui confiées, soit à première réquisition, soit à terme fixe, soit après un délai plus ou moins bref, courant du jour de l'avis de retrait, lui impose la règle absolue, énoncée plus haut, de n'employer ces sommes qu'en créances, non seulement certaines quant à la date de leur exigibilité, mais certaines aussi quant à leur montant.

Or qu'est-ce que la spéculation, sinon l'opération fondée sur l'espoir d'une augmentation de *capital?* C'est l'œuvre de celui qui, trouvant le prix d'une action, d'une rente, d'une obligation, ou de toute autre marchandise, trop bas par rapport à sa valeur intrinsèque, achète cette action, cette rente, cette obligation, cette marchandise dans l'espoir de la revendre avec un bénéfice, c'est-à-dire avec une augmentation de capital. Cette possibilité d'accroissement a pour corollaire inévitable un risque de perte. Il n'existe de chance de plus-value que là où des événements contraires aux prévisions peuvent amener une dépréciation.

On voit dans quelle fâcheuse situation serait le banquier qui aurait employé l'argent de ses déposants à acquérir, par exemple, des titres de rente qui auraient baissé au jour où les déposants voudraient être remboursés. Le banquier, ne retrouvant pas dans le prix de la réalisation de ces rentes la totalité des sommes absorbées par l'achat, serait en présence d'un déficit. Ce genre d'emploi lui est donc interdit en principe. Il court déjà, en bornant ses opérations au champ d'activité qui lui est légitimement ouvert, des risques d'une autre nature, risques professionnels, pour ainsi dire, inhérents à toute entreprise humaine, et que la prudence et la sévérité la plus grande réussissent à diminuer, mais non pas à supprimer. Un effet de commerce peut être impayé à l'échéance, une avance contre titres ne pas être remboursée. C'est dans le choix des débiteurs, des signatures dont l'effet est revêtu, des garanties affectées aux avances, que le banquier fera valoir son expérience, sa connaissance des hommes et des choses, toutes les qualités en un mot qui le rendent digne d'exercer cette redoutable gestion des deniers d'autrui.

L'étude attentive et raisonnée de l'histoire confirme de tous points l'exactitude de la théorie que nous émettons. Nous pourrions examiner les banques les plus diverses dans le temps et dans l'espace, depuis la banque royale de Law sous la Régence jusqu'aux banques australiennes qui viennent de traverser en avril et mai 1893 une crise si violente : nous trouverions partout les mêmes phénomènes procédant des mêmes lois. Dès que l'argent du public reçoit une destination différente de celle qu'exigent les principes, le danger est proche. La sévérité de la règle est telle qu'il ne suffit pas que les dépôts soient employés en créances d'un montant certain, exclusives de toute idée de spéculation : il faut encore que ces créances soient aisément recouvrables. Le banquier ne doit pas se contenter d'examiner la qualité commerciale, la solvabilité actuelle de ceux à qui il fait crédit ; il est nécessaire qu'il recherche à l'occasion de quelles entreprises le papier qu'il escompte a été créé. C'est ainsi que la crise financière qui amena en 1893 la suspension des paiements de douze banques australiennes, au capital d'ensemble 300 millions de francs, a été due en grande partie à la mauvaise qualité du papier escompté, provenant d'opérations immobilières d'une réalisation longue et difficile, et à la nature des garanties affectées aux avances, qui n'étaient pas non plus de celles dont la liquidation peut être instantanée.

Non seulement le banquier ne doit pas spéculer lui-même, mais il doit écarter le papier de ceux qui spéculent. Nous sommes loin de l'opinion commune qui ne sait trop quelle différence faire entre ce marchand de capitaux, dont nous venons d'essayer de définir la profession, et le joueur à la Bourse.

Le banquier, en arrivant chaque matin à son bureau, doit avoir pour tâche première d'additionner d'une part ses exigibilités, c'est-à-dire les sommes qui peuvent lui être réclamées, et, d'autre part, ses disponibilités, c'est-à-dire les ressources immédiatement réalisables au moyen desquelles il fera face aux remboursements qui lui seront demandés. Le relevé du passif est aisé à faire et les seules divisions à y introduire résultent des différences d'époque auxquelles ce passif est exigible. Celui de l'actif est autrement délicat; c'est dans la composition de cet actif que se révèle toute la science professionnelle. Il se compose d'espèces et de créances. La première question à résoudre est celle de savoir quelle doit être la proportion des espèces, en d'autres termes, de l'encaisse, billets de banque ou métal. Elle ne peut guère être fixée en théorie, mais dépend d'une série de faits particuliers à chaque pays, à chaque ville, à chaque établissement. L'effort du banquier doit tendre à restreindre le plus possible cet emploi de son actif, qui ne lui rapporte rien, ni les pièces d'or et d'argent, ni les billets n'étant productifs d'intérêt. Le reste de l'actif comprend le portefeuille commercial, les avances sur titres ou marchandises, les crédits en blanc, c'est-à-dire consentis sur la simple signature du correspondant.

Le portefeuille commercial ne constitue théoriquement de disponibilités qu'à la date de l'échéance des effets, puisque c'est ce jour-là seulement que le banquier porteur de la traite peut aller en réclamer le remboursement au tiré. En fait, il est permis chez nous de le considérer comme une disponibilité immédiate, grâce à l'organisation de la Banque de France, toujours prête à réescompter le papier commercial sérieux, muni de trois signatures et à une échéance maxima de trois mois. Tout banquier peut chaque jour transformer en espèces, ou, ce qui revient au même, en billets de banque, le papier de son portefeuille qui remplit les conditions ci-dessus. C'est donc à juste titre que ce portefeuille est assimilé à l'encaisse. Une prudence excessive rappellera toutefois au chef de maison que, si la Banque de France ne refuse pour ainsi dire jamais son concours dans les limites que nous avons indiquées, elle n'en est pas moins libre de l'accorder ou non. Il ne devra donc pas exclure entièrement de ses hypothèses celle du cas où il se trouverait dans l'impossibilité, partielle ou temporaire, de réescompter son portefeuille.

L'encaisse et le portefeuille forment ai. L'emploi primordial, essentiel, des dépôts *à vue*.

Les avances sur titres sont, en général, à échéance fixe. Elles constituent des disponibilités certaines aux dates convenues, à condition d'être faites à des débiteurs solvables et surtout contre des garanties indiscutables, aisément réalisables au cas où le débiteur ne les retire pas contre remboursement de la somme à lui prêtée. Il paraît logique d'établir une relation entre le chiffre de ces avances et celui des dépôts à terme fixe, en observant de faire, autant que possible, concorder les échéances des unes avec l'époque d'exigibilité des autres.

Les crédits à découvert sont une des matières les plus délicates et les plus dangereuses de la banque. Ils ne doivent être consentis qu'à des correspondants de tout premier ordre, pour les besoins légitimes de leurs affaires régulières. Ils exigent de la part de celui qui les consent une surveillance constante de ceux à qui ils sont accordés, surveillance rendue en général difficile par l'éloignement, puisque c'est surtout pour les affaires de place à place, de pays à pays, que ces crédits sont en usage. Ils ne doivent figurer que pour une proportion réduite dans l'ensemble des affaires d'une banque ; ils rentrent dans la catégorie des emplois qu'il est sage de proscrire pour l'argent des dépôts et auxquels on ne devra destiner que les ressources propres de l'établissement, c'est-à-dire son capital et ses réserves.

Nous touchons ici encore à un point intéressant de la question, qui est précisément de savoir dans quelle mesure les règles posées pour l'emploi des dépôts s'appliquent à celui des ressources propres du banquier. Il est évident *a priori* que la sévérité des principes pourra et devra se relâcher. Toutefois, il faudrait se garder de croire que le banquier ou la banque de dépôts doive jouir, à cet égard, d'une liberté égale à celle du financier. Le capital propre joue ici un

rôle essentiel, qui est celui de garant vis-à-vis
des tiers pour les engagements contractés à
leur égard. Quelle que soit, en effet, la sagesse
de ceux qui administrent les sommes parfois
énormes que les dépôts accumulent dans certains
établissements, ils peuvent commettre des
erreurs; d'autre part, des circonstances extérieures, indépendantes de leur volonté, peuvent
amener des crises telles que le meilleur papier
ne sera pas payé à échéance, que la Banque de
France cessera ou diminuera le réescompte, que
le cours des titres garantissant les avances tom·
bera au-dessous de celui auquel l'avance a été
consentie : il convient donc, en prévision de
ces circonstances exceptionnelles, que le capital
propre, lui non plus, ne soit pas immobilisé
dans des entreprises à longue échéance, et nous
sommes ainsi amenés à poser pour son emploi
des règles presque aussi sévères que pour celui
des dépôts. Il ne pourra servir utilement en
temps de crise que s'il est sous la main du banquier, à sa portée immédiate. A ce point de vue,
l'idéal de l'organisation d'une banque est celle
d'une société par actions nominatives, dont la
fraction minima, c'est-à-dire le quart d'après la
loi française, est versée. Comme les actionnaires
sont responsables du versement des trois autres
quarts et tenus de l'effectuer à première réquisition, la société a toujours de ce chef une ressource parfaitement liquide, qui constitue pour

ses créanciers une garantie des plus précieuses. La garantie est meilleure que si l'argent était versé; car il aurait pu être mal employé ou immobilisé dans des emplois difficilement réalisables, tandis que cette obligation des actionnaires, toujours exigible, constitue une réserve liquide dans la plus forte acception du mot.

Cette organisation a un avantage qui compense pour les actionnaires l'inconvénient d'être exposés à un appel de fonds : c'est que le crédit dont jouit la société se mesure alors, non pas d'après le capital versé, mais d'après le capital nominal. Les dépôts affluent en proportion de ce dernier et permettent à la société de réaliser des bénéfices qui, répartis sur un quart du capital nominal, rémunèrent grassement les sommes versées. C'est ainsi que les actionnaires d'une des plus anciennes banques de dépôts de Paris reçoivent depuis de longues années un dividende de 10 à 20 pour 100 sur leurs actions de 500 francs dont un quart seulement est versé, soit de 12 à 24 francs pour 125. Dans cette industrie de la banque pure, telle que nous l'avons définie, la proportion des bénéfices augmente, en effet, avec la quantité de capitaux mis en mouvement. Une différence d'intérêt de 2 pour 100 réalisée sur 100 millions donnera plus du double des bénéfices obtenus sur 50, puisque les frais d'exploitation sont loin de varier en proportion des capitaux employés :

le point essentiel est donc d'obtenir le plus de dépôts possible. D'autres facteurs entrent en ligne de compte ; la banque de dépôts ne s'interdit naturellement pas de chercher à rendre au public les autres services qu'il est en droit de réclamer, pourvu qu'ils soient exclusifs de toute idée de spéculation pour elle. La banque fera à commission pour ses clients toutes les opérations dont ils la chargeront, gardera leurs titres, encaissera leurs coupons échus et les obligations amorties, leur fournira des lettres de crédit sur l'étranger, etc., mais ce sont là des opérations accessoires.

C'est en s'inspirant de ces principes que les grands établissements anglais sont arrivés à un degré de prospérité considérable. D'après une statistique récente, les quatorze principales banques de Londres avaient reçu des dépôts pour plus de 5 milliards de francs : 13 pour 100 de ces exigibilités, c'est-à-dire 650 millions, étaient en caisse dans ces banques ou disponibles à leur crédit à la Banque d'Angleterre. La moyenne des dividendes distribués aux actionnaires atteint jusqu'à 20 pour 100 pour certaines d'entre elles.

En France, nos principales sociétés de crédit semblent comprendre de plus en plus la nécessité de séparer nettement leur domaine de celui de la spéculation financière. Nous pourrions citer l'histoire de l'une des plus importantes, la première après la Banque de France, dont elle dépasse d'ailleurs et le capital et le chiffre de dépôts [1], comme la démonstration vivante du progrès qui s'est fait à cet égard dans les idées. Cette société, après avoir au début de son existence cherché sa voie, après s'être lancée, avec succès d'ailleurs, dans les opérations financières proprement dites, a dégagé peu à peu l'idée maîtresse qui doit la guider : elle a concentré tous ses efforts sur l'organisation de son outillage, d'après les principes immuables qui seuls assurent le succès d'une industrie : perfection du commandement et de l'état-major; installation dans l'endroit le plus favorable; trésorerie abondante, c'est-à-dire maintien constant de la somme de disponibilités nécessaire. Aujourd'hui cette société n'attend pour ainsi dire plus rien des chances variables des émissions, emprunts d'État ou souscriptions à des entreprises particulières, ni des spéculations qui peuvent en être l'accompagnement obligatoire : elle possède un réseau d'agences et de succursales en France et à l'étranger, grâce auquel elle se trouve, dans plus de cent vingt-cinq endroits, à la portée de sa clientèle, en mesure de lui rendre les services variés et multiples que cette dernière réclame.

Elle n'est pas seule d'ailleurs à s'être pénétrée de l'impérieuse nécessité qui s'impose aux ban-

---

1. Il est vrai que la Banque de France ne bonifie aucun intérêt à ses déposants.

ques de dépôts : c'est ainsi, en définitive, qu'il convient de désigner les établissements dont la fonction primordiale est de recevoir et de gérer les capitaux du public. Ces banques doivent éliminer de leur programme les spéculations financières ; elles ne se désintéresseront certes pas du marché des valeurs mobilières ; elles prêteront, au contraire, leur concours aux émissions qui leur sembleront saines, mais en général elles se borneront à ouvrir leurs guichets, pour recueillir les souscriptions du public, sans courir elles-mêmes le risque, c'est-à-dire sans s'engager vis-à-vis de l'État ou de la compagnie émetteurs à garder les titres non souscrits. Cette règle, en aucun cas, ne souffrira d'exceptions que pour l'emploi éventuel d'une partie du capital propre à l'établissement : et encore rappellerons-nous à ce sujet tout ce que nous avons dit plus haut de la nécessité de maintenir aussi liquide que possible même cette fraction du patrimoine social.

La plupart de nos grandes banques de dépôt, instruites les unes par l'exemple d'autrui, les autres par leur expérience personnelle, s'engagent de plus en plus dans la voie que nous venons de tracer. L'une des premières, reconstituée aujourd'hui sur des bases nouvelles, doit se souvenir de la crise violente amenée en 1889 par des engagements téméraires pris dans la célèbre affaire des cuivres. Une autre qui par-

tage, avec celle dont nous résumions tout à
l'heure l'histoire, la spécialité des agences
répandues sur toute la France, a connu des
jours difficiles à cause d'entreprises lointaines
où elle avait immobilisé des sommes considérables; une partie des bénéfices que, grâce à
une excellente organisation, elle réalise depuis
de longues années, servent à amortir des engagements pris dans l'Amérique du Sud. A Lyon,
nous citerons volontiers une banque de dépôts
modèle qui ne clôture jamais son inventaire
au 31 décembre, sans avoir réduit ses immobilisations à moins d'un million de francs, bien
que son capital soit de 30 millions dont un quart
versé, ses réserves de 3, et ses dépôts de 60 millions.

En face de ces banques, existent les associations financières qui, opérant essentiellement
avec leurs capitaux propres, sous forme de
sociétés par actions ou en nom collectif, ont
pour domaine spécial toute la partie des
affaires que les banques de dépôts s'interdi-
sent [1]. Ce sont elles qui négocieront avec les

---

1. La caractéristique de ces sociétés, c'est que leur patrimoine propre est presque toujours supérieur au chiffre de
leurs dépôts. Ainsi celle d'entre elles qui, en France, peut
être considérée comme le type de cette catégorie, possède
environ 80 millions de francs en capital et réserves, tandis
que les sommes qu'elle doit aux tiers ne s'élevaient, au
31 décembre 1892, qu'à 30 millions; au contraire, notre
principale banque de dépôts avait, comme capital versé et
réserves, 140 millions, contre 687 millions de dépôts.

gouvernements, les compagnies industrielles, les emprunts nécessaires à l'équilibre des budgets, aux constructions neuves ou à tous autres développements. Ce sont elles qui permettront les créations d'entreprises, qui offriront chaque jour d'autres emplois aux capitaux disponibles. Ce sont elles qui étudieront les conditions des affaires nouvelles et ne les recommanderont au public qu'après s'être entourées de tous les renseignements exigés par la prudence la plus sévère.

Gardons-nous de croire qu'il y ait une opposition d'intérêt quelconque entre les associations financières et les banques de dépôts : ces deux forces ont réciproquement besoin l'une de l'autre, et se prêtent un mutuel appui. Les capitaux déposés chez les secondes ne sont pas destinés à y rester indéfiniment, en se contentant des taux d'intérêt, en général minimes, qui leur sont servis. Ils y sont au contraire dans l'attente d'occasions favorables de placement. D'autre part, en s'employant à l'achat de valeurs, les capitaux ne quittent pas définitivement les banques où ils sont déposés. Ils y reviennent sous forme de titres, lesquels paient des droits de garde, des commissions d'encaissement de coupons et d'obligations amorties, donnent lieu à des ordres d'achats et de ventes. Ici comme ailleurs le mouvement engendre le mouvement, les forces diverses, à condition d'être bien orga-

nisées, agissent dans le même sens et contri-
buent à l'harmonie de l'ensemble. Chacune des
espèces de banque que nous avons définies
trouve l'occasion de réaliser des bénéfices légitimes et de rendre des services à la communauté; mais la condition première est que chacune ait la perception nette de son rôle, se
trace une ligne de conduite et la suive inflexi-
blement. Il est nécessaire que la part du hasard
soit réduite au minimum. N'est-ce pas là le
critérium de toute entreprise sérieuse? Or, la
banque pure diminue, dans une proportion
rarement atteinte, cet aléa inséparable des
choses humaines; elle peut et doit se tenir à
l'écart de toute spéculation de Bourse, même
de cette spéculation légitime dont nous avons
essayé de prouver, au début de ce travail, la
nécessité dans la vie quotidienne des nations
et des individus; elle est, en dernière analyse,
comparable à une véritable industrie, elle en
emploie les procédés, et en obtient les résultats
réguliers, à condition d'en suivre les règles.
Les capitaux sont sa matière première, qui se
façonne et s'adapte aux divers emplois dont elle
est susceptible dans ces vastes usines qu'on
appelle des maisons de banque ou des établissements de crédit.

DEUXIÈME PARTIE

L'AVENIR DES MÉTAUX PRÉCIEUX

CHAPITRE III

INTRODUCTION

Le 28 octobre 1893, j'étais à Cripple Creek, dans le Colorado (États-Unis d'Amérique), à trois mille et quelques cents mètres au-dessus du niveau de la mer. J'avais passé ma journée à parcourir en compagnie de quelques ingénieurs ce nouveau district minier, ouvert seulement depuis deux ans à l'activité des « prospecteurs [1] » et déjà peuplé de plus de douze mille personnes. Pour un *baby camp*, un campement dans l'enfance, comme les Américains l'appellent dans leur langue pittoresque, c'est un assez joli chiffre; aussi ne parlent-ils de leur

1. Gens qui font métier de rechercher les gisements miniers.

nouveau-né qu'avec amour et dévotion. De tous les côtés des États-Unis, ils accourent visiter le domaine de Cripple Creek, les 108 mines baptisées des noms les plus variés et dont les travaux font ressembler les hauteurs environnantes à une immense fourmilière. Partout une activité intense : des bâtiments élevés comme par enchantement en une semaine; des charrois incessants sur toutes les routes d'alentour; des mineurs expérimentés affluent des autres parties du Colorado ou des États voisins. Le soir, assis dans le hall du Palace-hotel, éclairé à la lumière électrique tout comme les rues de la ville âgée de dix-huit mois, je lisais le journal du cru, le *Broyeur (Crusher's Gazette)*, qui n'est point le seul de Cripple Creek. Nous, avons aussi une gazette du matin, et bientôt nous aurons une troisième feuille quotidienne, plus considérable que les deux premières. Soudain une grande rumeur s'élève, la foule s'amasse autour de l'hôtel et se porte à la rencontre d'un vieillard encore vert, qu'elle salue de ses hourras : il s'arrête sur le balcon et se met en devoir de haranguer la foule. C'est le gouverneur du Colorado, l'honorable D. J. Waite, l'un des chefs du nouveau parti populiste, qui se sépare à la fois des républicains et des démocrates. Je ne prêtai d'abord, je l'avoue, qu'une attention distraite à son discours. J'y notais beaucoup de lieux communs sur la tyrannie du capital, le despotisme des banquiers, l'égoïsme de la perfide Albion, dont j'avais trop souvent été fatigué en Europe, et je m'étonnais qu'ils eussent franchi l'Atlantique et trouvé un écho dans ce pays vigoureux, où la masse est non seulement intelligente, mais instruite.

Je regardais le ciel où les étoiles brillaient d'une incomparable splendeur; j'admirais les pics neigeux des Montagnes Rocheuses qui nous entouraient et je savourais la pureté d'un air délicieux. Malgré la saison avancée, la réunion avait lieu en plein air. Des centaines de mineurs aux costumes et aux figures pittoresques se tenaient debout dans la rue et écoutaient respectueusement les tirades de leur gouverneur.

Ce cadre merveilleux, cette sérénité et cette beauté de la nature prêtaient à cette banale réunion électorale une grandeur dont bien peu d'assistants, à coup sûr, étaient frappés, mais qui contribuait peut-être, sans qu'ils en eussent conscience, à les maintenir dans ce religieux silence au milieu duquel parlait l'orateur. Tout à coup mon attention fut attirée par une sortie véhémente dans laquelle l'honorable D. J. Waite comparait le président Grover Cleveland, demandant au Congrès de suspendre les achats d'argent de la Trésorerie, au roi Louis XIV révoquant l'édit de Nantes et forçant des centaines de mille de huguenots à s'expatrier! Je souriais à ce parallèle difficile à expliquer, mais de nature à émou-

voir la foule, lorsque le gouverneur ajouta :
« D'innombrables ouvriers, qui étaient occupés
à ce légitime labeur des mines d'argent, ont été
réduits à quitter leurs villages et à chercher
ailleurs à gagner leur vie ». Puis vint une péro-
raison brillante, qui n'avait plus aucun rapport
avec la question du métal argent, mais qui fit
sur l'auditoire un effet profond : elle se termina
par la citation d'un poème de Longfellow, que
le vieillard récita d'une voix large et émue. Ces
vers sonores soulevèrent des tonnerres d'applau-
dissements et des coups de sifflet, lesquels aux
États-Unis sont la plus haute marque de l'en-
thousiasme populaire.

Après avoir eu l'honneur d'une audience de
dix minutes, que le très affable gouverneur me
donna avec une simplicité yankee, dans le hall
de l'hôtel, au milieu de la foule de ses électeurs
qui venaient lui serrer la main, je sortis et me
promenai fort avant dans la nuit.

Certes, les arguments de l'orateur ne m'avaient
nullement ébranlé. L'endroit même où j'étais
me gardait de toute sensibilité anti-économique
à l'égard des mineurs; j'étais au milieu d'un
champ d'or : Cripple Creek produit déjà près
de 1 500 000 francs par mois et promet d'augmenter régulièrement la moisson annuelle du
monde en métal jaune. Beaucoup des victimes
du Louis XIV qui réside à la Maison-Blanche
ont trouvé dans ce nouveau district un salaire

aussi élevé que celui qu'ils recevaient et une vie aussi facile que celle qu'ils menaient dans les régions argentifères. Néanmoins le problème monétaire se dressait devant moi pour la millième fois de ma vie : il s'imposait à mes méditations avec une force singulière. Je ne saurais dire que les raisonnements que j'avais faits et acceptés jusque-là me parussent le moins du monde ébranlés; mais il me semblait que, malgré tout, je n'avais pas encore épuisé la question; que certaines parties en étaient restées dans l'ombre; et que je me devais à moi-même de tenter un nouvel effort pour soulever un autre coin du voile et tâcher d'ajouter une parcelle de vérité à celles que j'avais déjà pu entrevoir.

Pourquoi l'or seul et non plus l'argent? Les statistiques suffisent-elles à expliquer le bouleversement contemporain dans la valeur relative des deux métaux? Beaucoup des arguments avec lesquels on combat l'argent ne s'appliquent-ils pas à l'or? S'il est incontestable qu'on ne peut pas assigner un rapport légal à deux marchandises, doit-on nécessairement pour cela exclure de la fonction monétaire l'un des deux métaux? Chacun de nous se souvient de cette admirable page du philosophe Jouffroy, sans cesse citée comme un modèle de sincérité et d'émotion sublimes. Par une nuit silencieuse, en face des vieux arbres du préau de l'École normale, Jouffroy se sent saisi d'un doute qui atteint toutes les croyances avec lesquelles il a vécu jusque-là. Il descend dans son âme avec un courage qui lui coûte, mais qui ne se dément pas une seule minute. Il reconnaît qu'il a besoin de « repenser » à nouveau une foule d'idées qu'il a crues jusque-là ancrées en lui. Il voit s'ouvrir devant lui une nouvelle ère de recherches et d'angoisses. Il n'hésite cependant pas. La vérité avant tout. Il travaillera toute sa vie, s'il le faut, à se refaire une foi.

Sans me permettre de comparer les vérités et les croyances économiques aux vérités et aux croyances religieuses, j'ose dire que cette nuit du Colorado, au cœur des Montagnes Rocheuses, fut pour moi ce que celle de l'École normale avait été pour Jouffroy. Non, nous ne saurions nous contenter de ce que nous avons admis jusqu'à ce jour : si le raisonnement mathématique est impuissant à détruire certaines doctrines, elles n'en sont pas moins insuffisantes, elles n'assurent pas à elles seules, à l'heure actuelle, la marche des sociétés humaines. Il faut donc, sans les renier, chercher à les compléter. Il faut creuser plus profondément le puits d'où la vérité doit sortir. A l'image de ces hardis mineurs qui descendent sous terre et fouillent la roche pour y découvrir le précieux filon, il nous faut sonder l'abîme et lui arracher encore quelques-uns de ses mystères.

« Ce livre est un livre de bonne foi », disait le grand Montaigne, qui ne pensait pouvoir le mieux recommander. Les pages qui suivent ont été écrites avec la plus entière sincérité, elles sont le fruit de méditations intenses. Je sens fort bien que nous sommes encore loin du but. Peut-être, cependant, mes lecteurs trouveront-ils ici quelques idées nouvelles qui pourront les aider dans leurs recherches et provoquer chez eux des réflexions dans une direction vers laquelle ils n'étaient pas encore orientés.

CHAPITRE IV

POSITION DU PROBLÈME MONÉTAIRE

Le grand problème monétaire devient chaque jour plus grave. La violence des évolutions du monde amène une succession tellement rapide des événements que l'homme le plus attentif, le plus préoccupé du sujet, peut à peine observer d'une façon un peu approfondie les phénomènes essentiels. A plus forte raison lui est-il malaisé de formuler en cette matière les conclusions de la science économique, cette science essentiellement contingente et dont la plus grande difficulté résulte de ce qu'elle dépend de faits sans cesse modifiés et renouvelés. Nous ne songeons ni à en diminuer le mérite ni à en méconnaître la portée. Mais l'absolu n'est point son domaine, et la tâche première consiste à distinguer d'un côté ce qui constitue la partie en quelque sorte mathématique de l'économie politique, c'est-à-dire celle qui peut se formuler en lois presque aussi rigoureuses et certaines que les théorèmes de l'inflexible géométrie, et de l'autre, celle qui doit jusqu'à nouvel ordre se contenter de généraliser le plus possible les événements quotidiens de l'histoire de l'humanité.

Si certaines règles de l'échange, de la distribution des richesses, peuvent être considérées comme définitives, il nous semble que le problème monétaire est loin d'avoir reçu une solution théorique, bien que les difficultés pratiques puissent paraître momentanément écartées dans un petit nombre de pays. Aussi, malgré la quantité énorme d'ouvrages publiés sur la matière, sans parler des considérations émises par d'éminents philosophes à diverses époques, est-il plus nécessaire que jamais d'en reprendre l'étude au point de vue doctrinaire. Il résulte, d'une façon évidente, de la condition présente de l'humanité, qu'il serait absurde de vouloir essayer de mettre l'univers entier au régime monométalliste, que ce soit l'étalon d'or ou l'étalon d'argent. Or, si une vérité n'est pas susceptible d'application immédiate, nous devons être singulièrement circonspects à son égard et rechercher avec d'autant plus d'énergie et de sincérité les autres éléments de la question.

La théorie, à cette heure, doit se borner à affirmer une sorte de vérité élémentaire, à savoir qu'il n'est pas possible d'appeler du même

nom un certain poids d'or ou un certain poids
d'argent. Ici peut-être, comme en bien des
choses humaines, l'imperfection de notre langage a contribué à obscurcir nos idées. Beaucoup d'ardentes controverses monétaires s'arrê-
teraient, ne seraient peut-être jamais nées, si
nous nous étions mis au préalable d'accord sur
la définition des mots et si nous n'avions pas
désigné, dans la plupart des langues modernes,
deux choses différentes par le même vocable.
C'est là un point qui, croyons-nous, n'a guère
été observé jusqu'ici, qui en tout cas n'a pas
été mis en lumière ni placé, comme nous le
jugeons nécessaire, à la base même des études
monétaires.

Tout le monde a plus ou moins approfondi la
question de la monnaie elle-même, énuméré les
matières qui, en dehors des métaux précieux,
ont servi successivement et servent encore
aujourd'hui dans certaines parties du monde de
mesure aux échanges. Les coquillages, les poi-
gnards, les paquets de tabac, les grains de ver-
roterie, les bons de maïs des haciendas mexicaines, dans le passé ou dans le présent, ont
joué et jouent ce rôle, en attendant la monnaie
future qui — Edison l'affirmait ces jours-ci à un
reporter américain — sera constituée par des
cubes de farine séchée, comprimée et estam-
pillée au coin du gouvernement. Si même nous
nous bornons à ce qu'on est convenu d'appeler

les métaux précieux, nous rappellerons que l'or et l'argent n'ont pas eu seuls ce privilège. La Russie a frappé à un certain moment des pièces de platine qui n'étaient point des monnaies divisionnaires. Mais, sans vouloir multiplier les difficultés d'un sujet déjà terriblement ardu par lui-même, qu'il nous suffise de considérer l'or et l'argent, c'est-à-dire les deux métaux qui ont joué un rôle essentiel au point de vue monétaire dans l'histoire de notre civilisation et de celles qui ont précédé la nôtre. Les quelques milliers d'années qu'embrassent nos connaissances à cet égard peuvent sembler au premier abord un espace de temps considérable; elles sont probablement bien peu de chose dans le développement de l'humanité. Cette première réflexion servira à refroidir l'imtempérance de certains apôtres de l'une ou de l'autre solution, en les invitant à essayer de se représenter d'une part ce que fut la monnaie dans les temps préhistoriques et d'autre part ce qu'elle pourra être dans l'avenir.

En nous contentant d'aborder la question telle qu'elle se présente à la fin du XIXe siècle, nous nous trouvons en présence des faits suivants : Les principales nations du globe effectuent leurs échanges et calculent leur richesse au moyen de pièces d'or et d'argent; nous laissons à dessein de côté le billet de banque ou d'État, qui, pour ne pas être réduit à la condition d'assignat, doit être un engagement formel ou tout au moins une promesse éventuelle de fournir au porteur de l'or ou de l'argent en paiement de ce papier. Nous négligeons encore davantage les monnaies divisionnaires, qui ne sont en réalité, elles aussi, qu'une promesse de payer. Car, bien que contenant en elles-mêmes une certaine fraction de leur valeur nominale, elles doivent, dans toute bonne organisation monétaire, pouvoir être échangées contre des monnaies de pleine valeur. C'est ce qu'exprime formellement la loi allemande.

Mais qu'il s'agisse de disques d'or, d'argent, de cuivre, de nickel ou de billets de banque les représentant, la langue désigne d'un seul et même nom l'unité qui les constitue. Nous appelons franc un poids de 0 gr. 3225 d'or à neuf dixièmes de fin; nous appelons franc un poids de cinq grammes d'argent à neuf dixièmes de fin.

Il est probable que, si deux noms différents avaient été réservés à ces deux objets, l'humanité serait aujourd'hui plus avancée dans l'étude du problème. Les conférences monétaires internationales elles-mêmes auraient peut-être été moins stériles. Il ne faut pas s'imaginer que, parce que dans le cerveau de chaque Français l'idée de quatre pièces de cinq francs en argent est parfaitement adéquate à celle d'une pièce de vingt francs en or, cette identification soit une de ces œuvres élémentaires de la pensée humaine que nous nous figurons volontiers avoir été accomplie même par les intelligences primitives. Le contraire est vraisemblable si nous essayons de faire abstraction de l'état présent de nos connaissances. Nous sommes ainsi pourvus, s'il est permis d'employer cette expression, d'un certain nombre d'idées qui nous paraissent simples parce qu'elles ont été celles de la génération qui nous a précédés, et que nous en avons été imprégnés dès notre enfance. Mais, si nous voulons remonter à la source, nous jugerons que cette équivalence entre l'or et l'argent n'a pas dû être établie un seul instant par les premiers hommes qui se servirent des deux métaux, jaune et blanc, comme monnaies. De même qu'ils durent admettre la variation du poids d'or ou d'argent par rapport à une même quantité d'autres marchandises, un certain poids de fer par exemple, de même ils durent comprendre et bientôt constater que, suivant les temps et les lieux, une même quantité d'argent s'échangeait contre une moindre ou plus grande quantité d'or, et inversement qu'en échange d'un certain lingot d'or ils obtenaient, suivant les temps et les lieux, un lingot d'argent de poids variable.

Après tous les travaux de nos hellénistes, nos sinologues et nos égyptologues, après le bel ouvrage de Lenormant sur *la Monnaie dans l'antiquité*, il n'est pas démontré que chez tous

les peuples anciens employant les métaux précieux un même mot servit à désigner indistinctement une certaine quantité, toujours invariable,
d'or ou d'argent. Les Grecs comptaient par
mines ou talents *d'argent*. C'est du moins ce qui
fut longtemps le cas dans les républiques grec-
ques avant l'arrivée en grandes quantités des
monnaies d'or perses. M. Théodore Reinach,
dans un intéressant mémoire sur les *Origines du
bimétallisme*, fait observer que le rapport de
valeur des métaux précieux chez les Grecs, loin
d'avoir eu la fixité que la légende lui attribue, a
varié dans le courant de leur histoire dans des
proportions très notables. Il y a bien eu une
période d'environ 150 ans, pendant laquelle une
sorte de bimétallisme au sens moderne a existé;
mais, en général, lorsqu'un Grec énonçait une
monnaie, sans désigner le métal dont elle était
formée, c'est que le nom seul, par lui-même,
indiquait déjà ce métal. Rappelons à cette occasion que les anciens Grecs employaient un troisième métal monétaire, non le cuivre — qui
n'obtint le rang de monnaie libératoire qu'en
Égypte, où sa valeur était fixée au soixantième
de celle de l'argent, et à Rome, dans les premiers siècles de son histoire, — mais l'électrum, l'or blanc, alliage d'or et d'argent que
l'on recueillait dans le Tmolus et le Sipyle ainsi
que dans les sables du Pactole. A l'époque où la
Lydie frappait des monnaies de ce métal, qui,

d'après les hypothèses les plus vraisemblables, se trouvait à l'état natif et n'était pas le résultat d'un alliage artificiel, elle eut un trimétallisme légal : électrum, or et argent. La valeur du statère d'or était fixée aux quatre tiers de celle du statère d'électrum de même poids. Il est bien certain alors qu'il ne suffisait pas de dire « un statère » pour éveiller dans le cerveau d'un Lydien une idée complète : il fallait spécifier statère d'or ou statère d'électrum.

Le rapport entre l'or et l'argent a été de 1 à 14 au temps de Périclès, de 1 à 12 au temps de Platon et de 1 à 10 au temps de Ménandre. Cette dernière proportion avait été adoptée par Alexandre le Grand, qui, frappant des monnaies d'or et d'argent à l'exemple des rois de Perse, établit un bimétallisme qui subsistait encore dans le monde hellénique au moment de la conquête romaine. Mais cette période ne représente que la moindre partie de l'histoire de la civilisation grecque. Pendant tout le reste de cette époque mémorable dans le développement de l'humanité, divers métaux précieux ont servi de monnaies; une équivalence a été établie entre eux *à des taux variables* : ils ont circulé tantôt concurremment, tantôt à des moments différents. Mais, dans tous les cas, l'esprit public admettait l'instabilité des proportions.

Au moyen âge, la loi salique, en fixant le *wehrgeld* à payer pour racheter le meurtre de

telle ou telle catégorie d'hommes, les estimait à
un plus ou moins grand nombre de sous *d'or*.
Après la période mérovingienne se passe un fait
monétaire des plus curieux : l'or, qui constituait
à peu près la seule monnaie libératoire sous la
première dynastie, disparaît soudain pour faire
place à l'argent, qui forme exclusivement, tout
d'un coup, la monnaie carlovingienne. Les numis-
mates font de vains efforts pour comprendre
cette brusque transition, qui résulte de la façon
la plus claire de tous les indices que l'on peut
recueillir, mais qui reste inexpliquée jusqu'à ce
jour.

Aujourd'hui même, l'idée de cette identification est loin d'être absolue, puisque dans certains contrats il est exprimé que le paiement se
fera en tant de pièces de l'un des deux métaux
spécialement désigné. En Amérique, par exemple, le créancier et le débiteur se mettent d'accord pour ne pas admettre le mot dollar comme
une désignation suffisamment claire, suffisamment individualisée : mainte obligation de chemin de fer y est stipulée payable, tant en intérêt
qu'en principal, « en dollars d'or du poids et
de la finesse établis par les lois existantes au
jour du contrat ». Il existe dans le même pays,
à Boston en particulier, des sociétés immobilières proprié res de terrains considérables
situés souvent dans les États de l'Ouest, qu'elles
louent pour quatre-vingt-dix-neuf ans. Les loca-

taires y élèvent des constructions dont la jouissance leur est acquise jusqu'à l'expiration de ce bail emphytéotique, et paient jusque-là au propriétaire une rente, qu'il n'est pas rare de voir stipulée « en un certain nombre de grains d'or ».

C'est là la démonstration la plus saisissante de ce que c'est, en réalité, que la monnaie, à savoir : un certain poids d'un métal donné. S'engager à payer un chiffre déterminé de dollars dans ces conditions, c'est tout simplement s'engager à livrer au jour de l'échéance un certain nombre d'onces ou de grammes d'or. L'engagement des compagnies de chemin de fer est identique, bien qu'exprimé d'une façon différente, à celui des locataires de terrains. Que la monnaie des États-Unis d'Amérique vienne à changer, que le Congrès démonétise l'or, débaptise l'unité monétaire, établisse le cours forcé des billets de banque, l'engagement ci-dessus n'en demeurera pas moins irrévocable et incommutable : le créancier aura le droit d'exiger exactement ce que son débiteur s'est engagé à lui payer, « un certain nombre de dollars d'or du poids et de la finesse établis par les lois existantes au jour du contrat », ou, en d'autres termes, un certain poids d'or pur.

L'humanité dans son évolution ne simplifie pas toujours les questions. Les dénominations monétaires usitées chez les différents peuples ont obscurci le problème, dont les éléments apparaîtraient beaucoup mieux si, au lieu de parler par exemple de mille francs, nous disions 322 grammes d'or. La comparaison entre les monnaies des divers pays deviendrait alors aisée, et il suffirait que les diverses nations aient adopté la même unité de poids (sur laquelle elles seront moins longues à se mettre d'accord que sur l'unité monétaire) pour que l'un des côtés les plus ardus du problème ait disparu. Que l'on aille en Chine, c'est-à-dire chez l'un des peuples qui ont le mieux compris que la monnaie est un certain poids d'un métal précieux; que l'on demande à un Chinois si l'obligation contractée par lui de livrer tel nombre de taels, c'est-à-dire un certain poids d'argent, peut être liquidée en livrant un certain poids d'or, nous serions bien étonné s'il ne répondait pas que ce poids d'or sera variable selon les époques.

Il pourrait sembler étrange à une génération qui a appris à compter en francs, d'entendre dire qu'un homme possède 32 kilogrammes d'or, au lieu de cent mille francs. Mais si nous voulons réfléchir à ce que signifie l'expression de cent mille francs, que représente-t-elle à notre esprit? Un pouvoir d'acquérir un certain nombre d'objets qui seraient payés au moyen de cinq mille pièces de vingt francs, ou, pour parler plus simplement, 5 000 pièces de vingt francs. Or ces 5 000 pièces de vingt francs ont été monnayées au moyen d'une barre d'or pesant 32 kilogrammes [1]. L'expression est donc équivalente : mais elle cesse de l'être si on veut l'appliquer à notre état présent, car cent mille francs en France, à l'heure actuelle, ne veut pas seulement dire 32 kilogrammes d'or; cela veut dire 500 kilogrammes d'argent. Or l'immense avantage de l'autre manière de compter, en un certain poids d'un certain métal précieux, serait précisément d'ouvrir les yeux de l'humanité sur l'impossibilité pratique du double étalon; nous ne disons pas du bimétallisme! Nous distinguons absolument ces deux états! Sous le régime du double étalon (l'expression propre serait l'étalon alternatif), l'autorité souveraine a décrété qu'un gramme d'or équivaut à 15 grammes et demi d'argent dans l'Union latine, ou à 16 grammes d'argent (15,99) aux États-Unis, ou à 15 grammes 5/8 en Hollande. Le bimétallisme serait l'état dans lequel on se servirait des deux métaux, mais sans que le gouvernement prétendît leur imposer un rapport fixe. Pour en revenir à notre exemple, les esprits les plus simples ne pourraient-ils pas comprendre qu'un homme possesseur de 500 kilogrammes d'argent et qu'un autre possesseur de 32 kilogrammes d'or n'ont pas nécessairement la même fortune?

L'idée du métal précieux comme représentant

____

1. Nous négligeons les fractions.

la richesse est difficile à analyser d'une façon complète : elle est encore plus difficile à justifier par le raisonnement. L'or ni l'argent ne nous rendent par eux-mêmes de services essentiels. Le fer, le plomb, le cuivre, nous sont infiniment plus utiles et même nécessaires. Il n'en est pas moins constant que l'humanité dans son ensemble a admis l'or et l'argent à la fonction monétaire. Une partie de la production annuelle de chacun de ces métaux est employée par l'industrie, ce qui, soit dit en passant, garantit l'argent tout aussi bien que l'or contre une dépréciation absolue. Le reste fait fonction de monnaie en vertu d'un accord tacite, mais à peu près universel; nous en exceptons certaines peuplades sauvages, qui d'ailleurs, dès qu'elles sont en contact avec les nations plus avancées, ne tardent pas à se civiliser sous ce rapport plus vite que sous d'autres et s'empressent de rechercher les métaux précieux aussitôt qu'elles ont appris ce qu'ils peuvent leur procurer.

Il n'est pas aisé d'expliquer pourquoi l'or et l'argent remplissent cette fonction de préférence à tant d'autres substances. Certaines de leurs qualités : rareté, dureté, fusibilité, homogénéité, ductilité, éclat, sonorité, inoxydabilité, les y rendent aptes à coup sûr et les désignent d'une façon spéciale. Le prix du temps et de l'effort employés à les extraire des entrailles de la terre se traduit également dans leur valeur.

Mais ceci n'est pas une explication suffisante; car ce même travail appliqué à d'autres matières ne réussirait pas à leur assurer cette fonction dans l'organisation sociale.

Sans croire, comme certains théologiens, à une institution divine, en vertu de laquelle l'or et l'argent auraient de toute éternité été désignés pour servir de monnaie, et sans prétendre accuser de sacrilège celui qui démonétise l'un ou l'autre, nous devons reconnaître qu'un certain consensus de l'humanité joue ici son rôle. Certes, les lois du travail d'un côté, de l'offre et de la demande de l'autre, entrent pour une part considérable dans la valeur des métaux précieux, mais elles n'en constituent pas à elles seules tous les éléments. Ce qui le prouve, c'est que de 1850 à 1855 la production annuelle de l'or avait doublé dans le monde sans faire varier la cote de ce métal d'une façon appréciable, tandis que l'argent a baissé récemment de cinquante pour cent dans la période où sa production annuelle a quadruplé. A un quart de siècle de distance, des variations énormes dans la production de chacun des deux métaux ont eu des effets tout différents.

On ne saurait donc méconnaître l'importance de l'autre élément, c'est-à-dire de l'aptitude à remplir la fonction monétaire, et nier que la législation des différents pays ait son influence sur la valeur de l'or et de l'argent.

CHAPITRE V

CRITIQUE DES ARGUMENTS MONOMÉTALLISTES
ET BIMÉTALLISTES

Les partisans de l'étalon unique ont parfaitement raison de soutenir qu'on ne peut appeler
franc à la fois une certaine quantité d'or et une
autre quantité d'argent : mais ils ne démon-
trent pas qu'on ne puisse pas avoir simultanément deux monnaies portant, si elles ne sont
pas désignées par leur poids, des noms différents, ou au besoin le même nom, mais suivi de
la désignation du métal. Pourquoi n'aurions-
nous pas le franc d'or et le franc d'argent? ou
pourquoi ne nous servirions-nous pas parallèle-
ment du gramme d'or et du gramme d'argent?

Je suis également frappé par la faiblesse des
arguments des deux côtés. D'une part, quand
les *monoristes* nous disent que le public ne veut
plus de la monnaie d'argent parce qu'elle est

trop pesante, ils oublient que la monnaie d'or, elle non plus, ne saurait être sans inconvénient employée à des paiements dépassant certaines sommes. On l'a bien vu en décembre 1892, alors que la Banque de France, ne pouvant plus émettre de billets, payait en métal jaune à guichets ouverts : c'était à qui réclamerait des billets. Or, des billets peuvent tout aussi bien représenter de l'argent que de l'or : les États-Unis ont les *silver certificates* qui sont la représentation directe, la photographie en quelque sorte des dollars d'argent monnayés reposant dans les caisses de la Trésorerie ; ils ont également les billets du Trésor, *Treasury notes*, qui sont, eux aussi, garantis par de l'argent et sur la nature particulière desquels nous allons revenir dans un instant. Du moment où le public accepte volontiers le papier en représentation des espèces, peu importe le poids de celles-ci. Il ne s'agit que d'en apprécier la valeur.

D'autre part, quand les *silveristes* (je voudrais acclimater en France un mot spécial pour désigner le métal-argent afin de le distinguer de l'argent-monnaie au sens général) nous disent que gonfler la masse métallique monétaire c'est augmenter la fortune publique dans la même proportion, ils attribuent aux métaux précieux, que ce soit l'or ou l'argent, un rôle qui n'est pas le leur ·Qu'est-ce que cette masse métallique en comparaison de la richesse réelle d'un pays? On évalue à des centaines de millards la fortune tant mobilière qu'immobilière de la France. Fussions-nous détenteurs, comme certains auteurs le croient, de six milliards de numéraire, qu'est-ce que cela, en comparaison du premier chiffre?

Il est certain que démonétiser un métal dans un pays, c'est en appauvrir les habitants, puisqu'ils ont reçu ce métal et l'ont payé en marchandises ou en travail à sa pleine valeur. Mais autre chose est enlever à des monnaies existantes leur force libératoire, autre chose cesser de frapper des monnaies libératoires avec ce métal ; dans ce dernier cas, on ralentit ou peut-être même on arrête l'extraction du minerai dans les pays producteurs, on les prive d'un profit éventuel, mais c'est tout. Et encore ne faut-il pas oublier que l'industrie minière dans son ensemble est une des plus aléatoires et des moins rémunératrices qui soient. Dans cette Amérique, qui est pourtant le pays minier par excellence, l'ensemble du capital placé et dépensé réellement en mines d'or et d'argent ne rapporte pas 1 pour 100. Atteindre cette industrie n'est pas frapper une de celles qui enrichissent le plus la contrée. C'est encore un côté de la question qu'il convient de mettre en lumière si on veut être parfaitement équitable.

Du reste, le bimétallisme ne doit pas être

envisagé au point de vue de l'intérêt des propriétaires de mines d'or et argent, ni de leurs ouvriers. Les uns et les autres se livrent à une industrie qui doit courir les risques inhérents à toute entreprise humaine et n'ont pas droit à plus de protection que les mineurs occupés à l'extraction de la houille, du fer ou du cuivre. Tout au plus pourront-ils, dans un pays protectionniste, réclamer un traitement égal à celui des autres industriels, c'est-à-dire des tarifs protecteurs contre le minerai étranger; mais c'est tout. Il s'agit de savoir s'il est de l'intérêt de l'humanité en général d'employer aux usages monétaires deux métaux précieux ou un seul, et, plus spécialement, si l'Europe et l'Amérique du Nord doivent ne plus frapper aucune pièce de métal argent à force libératoire. Pour répondre, il convient de tenir compte de l'état monétaire du monde, tel que nous le décrivions plus haut, d'en analyser les divers éléments, et d'essayer de deviner quels seront les grands courants commerciaux de l'avenir.

CHAPITRE VI

COEXISTENCE DES DEUX ÉTALONS DANS LE MONDE
ET A L'INTÉRIEUR DE CERTAINS PAYS.

Quand nous disions que l'Europe et l'Amérique du Nord se servent de l'étalon d'or, nous énoncions une vérité qui ne s'applique qu'à un certain nombre de contrées, les plus riches et les plus puissantes de ces continents, il est vrai, mais dont la situation diffère de celle des autres. L'Angleterre, la France, l'Allemagne, la Hollande, la Belgique, la Suisse, les États Scandinaves, la Roumanie et la Turquie en Europe, les États-Unis et le Canada dans l'Amérique du Nord, ont assez d'or pour régler leurs transactions internationales au moyen de ce métal. Mais la Russie vit sous le régime du cours forcé, l'Autriche de même, bien qu'elle essaie depuis deux ans de reprendre les paiements en or, sans y avoir réussi encore et en paraissant même plus éloignée du but qu'à la première heure; l'Italie, pour n'y être pas nominalement réduite, n'en est pas moins en plein papier-monnaie ; l'Espagne n'a que l'argent, ainsi que la Serbie. Au Portugal, le papier règne en maître, avec une couverture métallique inférieure peut-être à ce qu'elle est partout ailleurs. Quant au Mexique, sa constitution monétaire est celle du monométallisme argent pur; ce métal y est frappé librement en piastres pour compte de tous ceux qui apportent des lingots à la Monnaie. C'est le seul pays important parmi ceux de l'Europe et de l'Amérique du Nord qui soit sous ce régime. Le reste du monde, sauf l'Australie, la Tunisie, le Cap et le Transvaal, qui vivent sous le régime de l'étalon d'or, règle ses transactions en papier ou en argent. Ce dernier métal constitue en particulier la circulation de l'Inde, bien que la libre frappe y soit interdite depuis 1893, de l'Indo-Chine,. de la Chine et partiellement aussi celle du Japon, qui possède en outre une circulation de monnaies d'or. Voilà donc six ou sept cent millions d'hommes qui ne connaissent pour ainsi dire pas d'autre monnaie, de grandes nations qui depuis des siècles ont été habituées à n'évaluer la richesse qu'en argent. Nous ne pouvons les ignorer. Ce ne sont pas des sauvages africains ou polynésiens. Leur commerce intérieur est immense, leurs relations avec nous sont nombreuses et grandissent chaque jour. Un des traits caractéristiques de l'Exposition universelle de Chicago en 1893 était l'énorme progrès réalisé par le Japon. De 1889 à 1893, c'est-à-dire dans le court intervalle qui avait séparé la célébration à Paris du centenaire de la Révolution française de celle du quatrième centenaire de la découverte de l'Amérique, aux bords du lac Michigan, des observateurs attentifs ont pu constater les pas rapides faits par ce pays asiatique, dont la population égale celle de la France et dont l'industrie rivalise parfois avec la nôtre. N'avons-nous pas un intérêt considérable à nous préoccuper de son système monétaire, c'est-à-dire de l'un de ses moyens d'échange avec l'Europe?

Lorsqu'un Mexicain parle d'une fortune de cent mille piastres, il se représente la contre-valeur en terres, en maisons, en marchandises, en bétail, de cent mille pièces d'argent à l'effigie de la République mexicaine, pesant chacune vingt-sept grammes. De même lorsqu'un Anglais parle de cent mille livres sterling, il se figure l'équivalent de cent mille pièces d'or appelées souverains ou de mille billets de la Banque d'Angleterre de cent livres sterling chacun, ce qui est la même chose, puisqu'il sait fort bien que ces billets sont convertibles en or. En France, nous avons déjà essayé d'analyser l'idée du franc, et nous avons trouvé que, grâce à notre éducation première, nous établissions une assimilation

parfaite entre un certain poids d'or et 15 fois
et demie le même poids d'argent. Mais cette
confusion est due uniquement à la loi et à la
tradition des deux ou trois générations qui nous
ont précédés. Au Japon, le petit commerce lui-
même fait la distinction entre les yens d'or et
les yens d'argent. Aux États-Unis, où les chan-
gements de régime monétaire depuis la fondation de la République, il y a un siècle, ont été
plus fréquents que chez nous durant la même
période, on a pris l'habitude de parler de dollars
d'or et de dollars d'argent, après avoir, durant
la guerre de Sécession et les années qui la sui-
virent, compté en dollars papier, dont personne
n'ignorait la différence avec les dollars métalliques. Aujourd'hui la langue courante des États-
Unis distingue les dollars d'or et les dollars
d'argent, bien que tous deux soient également
monnaie à force libératoire (*legal tender*). Dans
l'encaisse des banques, dans les publications de
la situation de la Trésorerie, figurent les divisions suivantes : espèces monnayées or et
argent, billets du gouvernement (ancienne émission dite vulgairement *greenbacks*, remboursables exclusivement en or), certificats d'or, certificats d'argent, ces deux derniers papiers émis
en représentation d'espèces monnayées de l'un
ou l'autre métal, et enfin billets de la Trésorerie (*Treasury notes*) émis en représentation
de lingots d'argent achetés de 1890 à 1893

par la Trésorerie en exécution du *Sherman Bill*.

Ces *Treasury notes* présentent un caractère étrange, à peu près unique, croyons-nous, dans l'histoire monétaire du monde, et méritent d'être étudiées de très près. En vertu du *Sherman Bill*, le secrétaire d'État à la Trésorerie a, pendant trois ans, acheté tous les mois 4 millions et demi d'onces d'argent au cours du marché et a émis, en représentation de ces lingots, des billets de banque dits *Treasury notes*. Mais le montant de dollars qu'il a émis n'est point, comme on pourrait le croire de prime abord, le chiffre correspondant à la quantité de pièces d'argent qu'il eût pu monnayer au moyen de ces lingots, au titre et au poids du dollar d'argent américain; c'est un montant identique à celui des dollars d'or qu'il a déboursés pour acquérir ces lingots. Si par exemple avec 3 dollars d'or il achetait une quantité de métal blanc égale à celle contenue dans 4 dollars d'argent, ce n'est pas 4 dollars de *Treasury notes* qu'il émettait, mais 3 seulement. Il en résulte que la quantité d'argent contenue dans une *Treasury note*, c'est-à-dire représentée par elle, est plus forte que la quantité d'argent contenue dans une pièce d'un dollar en argent. C'est une situation extrêmement curieuse et digne de fixer notre attention. On propose, il est vrai, de la faire cesser en autorisant le secrétaire de la Trésorerie à frapper des dollars au moyen de tous ces lingots, ce qui procurerait au Gouvernement un bénéfice apparent de plus de 250 millions de francs, et en faisant simultanément rentrer dans ses caisses, afin de les détruire, les *Treasury notes* rachetées au moyen de ces dollars en argent. Le public n'y ferait point d'objection, à condition bien entendu qu'il puisse toujours obtenir des dollars d'or en échange des dollars d'argent. Autrement il protesterait à juste titre contre cette diminution de valeur infligée à une partie de la circulation. En tout cas, il résulte de la coexistence des *Treasury notes* et des dollars d'argent que les États-Unis ont à la fois deux dollars d'argent de valeur intrinsèque différente, lesquels ne sont assimilés qu'en vertu d'une décision du pouvoir souverain. Mais il convient d'insister sur le fait que cette assimilation n'a pu s'opérer que parce que ces deux dollars d'argent sont chacun également convertibles en un dollar d'or : sinon le législateur américain eût été impuissant à les rendre égaux l'un à l'autre.

Malgré cela, et bien que toutes ces pièces et tous ces billets aient de par la loi une valeur égale, les publications officielles, les bilans des banques les distinguent soigneusement. Il y a plus. Les Chambres de compensation de certaines grandes cités américaines rejettent le dollar d'argent et ses signes représentatifs, *quoiqu'ils soient monnaie légale.* C'est là une des démonstrations les plus frappantes qu'il soit possible de donner de l'impuissance de la loi à constituer une monnaie avec autre chose qu'un poids certain d'un métal certain. Voilà des nationaux qui n'ont pas trouvé une garantie suffisante dans le fait que les dollars d'argent étaient déclarés, par le Gouvernement du pays, absolument identiques aux dollars d'or! Cette déclaration a eu beau être renouvelée dans la loi rapportant la clause d'achat mensuel d'argent du bill Sherman; ils ont cru nécessaire de donner une base unique à toutes leurs transactions; et cette base a été le dollar d'or, c'est-à-dire 1 gr. 6716, à neuf dixièmes de fin.

Si la clause du bill Sherman qui ordonnait l'achat mensuel de 4 millions et demi d'onces d'argent n'eût pas été rapportée par la Chambre des députés en août, puis par le Sénat des États-Unis en octobre 1893, et que la circulation américaine eût continué à se saturer d'argent — ou, ce qui revient exactement au même, de papier émis en représentation d'argent, — la conduite des Chambres de compensation eût sans doute trouvé un grand nombre d'imitateurs. La crainte que le Gouvernement, malgré ses promesses, malgré sa bonne volonté, ne demeurât pas indéfiniment capable de payer tous ses engagements, de rembourser tous ses billets en argent ou en or au choix des créanciers, c'est-à-dire pratiquement en or, se serait répandue de plus en plus : les particuliers, les corporations auraient de plus en plus éprouvé le besoin de stipuler la monnaie, c'est-à-dire le métal, faisant l'objet de leurs conventions ; malgré la similitude du nom, chacun eût vite appris à distinguer un dollar d'or d'un dollar d'argent. N'y a-t-il pas là une sorte de démonstration pratique qu'un pays peut compter simultanément en deux monnaies différentes ?

Les États-Unis sont un des champs d'expérience les plus intéressants où il convienne d'étudier les différentes évolutions monétaires que les nations modernes sont susceptibles de traverser. Un certain nombre d'Américains ont même songé à adopter l'étalon d'argent pour se mettre en communication directe avec la Chine, le Japon, le Mexique et l'Amérique du Sud, avec lesquels, disent-ils, ce serait établir une communauté d'étalon. Ce n'est pas exact en ce qui concerne ce dernier continent, puisque ce n'est pas l'argent plus que l'or qui forme la base des transactions monétaires de la plupart de ces contrées, mais le papier. En tout cas, cette préoccupation nous montre qu'il est nécessaire de considérer ces deux tiers du monde, moins riches et moins civilisés que le tiers vivant sur l'étalon d'or, mais dont l'importance croît de jour en jour et avec lesquels il est de notre plus haut intérêt d'avoir une monnaie commune. Nos fabricants de soies de Lyon se plaignent à juste titre de l'impossibilité où ils sont de continuer leurs affaires avec la Chine et le Japon, en présence des variations de prix du métal argent, dont la baisse constante depuis vingt ans n'a pas cessé de leur faire subir des pertes d'inventaire. Aux Indes anglaises, où l'expérience de la suppression de la libre frappe de l'argent a été commencée depuis l'été de 1893, il est difficile de juger de l'effet que produira cette mesure ; elle peut être le prodrome d'une révolution monétaire dans cet immense empire. Mais l'Asie centrale ne compte guères qu'en argent ; dans toutes les possessions françaises, Cochinchine, Annam, Tonkin, on ne connaît que la piastre argent. La hausse de ce métal, si elle se produisait aujourd'hui, pourrait avoir, des inconvénients aussi sérieux que la baisse des dernières années. Il ne s'agit point de chercher à relever la valeur de l'argent, mais de savoir s'il est de notre intérêt ou non de continuer à nous en servir dans une partie de nos transactions monétaires. Or comment nous en servir? Nous n'admettons pas la possibilité d'établir un rapport fixe. Il ne reste plus qu'à permettre aux deux métaux de circuler librement, en laissant à la loi de l'offre et de la demande le soin d'en régler la production dans le monde.

CHAPITRE VII

LIBERTÉ DE FRAPPE. RAPPORT FIXÉ PAR L'OFFRE ET LA DEMANDE

Le problème une fois amené à ce point se réduit aux deux questions suivantes, l'une de fond :

Y a-t-il intérêt à laisser subsister dans un pays deux monnaies libératoires, or et argent?

L'autre de forme :

Si on reconnaît utile de garder aux deux métaux leur fonction monétaire, faut-il conserver les anciennes dénominations de franc, dollar, livre sterling, etc., et continuer à frapper des monnaies dans un rapport déterminé, 15 1/2 ou 16 à 1, ou bien ne vaut-il pas mieux frapper seulement des pièces d'un certain poids, 5, 10, 15, 20, etc., grammes d'or, 5, 10, 15, 20, etc., grammes d'argent? Le Gouvernement n'interviendra que pour certifier le poids et le titre de chaque disque, que son effigie garantira. Il laissera aux particuliers, à l'usage, au commerce, le soin d'établir la valeur relative de ces disques. Les Monnaies par tous les pays du monde seront ouvertes à la libre frappe des deux métaux. Dans les deux cas, chaque nation devra apprendre à compter séparément en monnaie d'or et en monnaie d'argent.

L'objection à faire à ce système est que la transition entre l'état de choses actuel et celui que créerait cette nouvelle législation semble difficile à trouver. Il faudrait par exemple en France décider si tous les engagements actuellement contractés en francs devront être réglés à raison de 5 grammes d'argent ou 0 gr. 3225 d'or par franc, ou bien encore dans une certaine proportion par les deux métaux.

S'il s'agissait d'organiser une société sur des bases entièrement neuves, rien ne serait plus facile que de préciser dans chaque engagement, dans chaque vente, la quantité de métal promise, soit en or, soit en argent. Les parlements en votant les impôts spécifieraient le métal dans lequel ils sont dus.

Une dernière observation doit trouver ici sa place : il est peu probable que nous marchions vers une dépréciation indéfinie de l'argent, les emplois industriels d'une partie de sa production (25 à 30 millions d'onces) lui assurant déjà

un débouché et une certaine valeur. D'ailleurs le
remède à la baisse est fourni par la baisse elle-
même, qui, comme la lance d'Achille, blesse et
guérit. A mesure que le prix du métal s'avilit, la
production en diminue. La réduction du stock ne
sera pas encore sensible en 1893, mais le de-
viendra en 1894. Beaucoup de mines américaines
dans le Colorado, le Montana, le Névada, l'Ari-
zona, sont fermées; les paquebots transatlanti-
ques sont remplis d'ouvriers italiens et autres renvoyés de ces districts, lesquels, ne trouvant plus
de travail aux État-Unis, reviennent en Europe.
Que si quelqu'un était tenté de croire à un avilissement indéterminé de l'argent correspondant
à un renchérissement constant de l'or, nous
l'engagerions à se reporter à l'histoire monétaire du début de la seconde moitié de notre
siècle. En 1857, la Belgique, effrayée de l'énorme
production d'or de la Californie et de l'Australie,
jugea une dépréciation du métal jaune inévitable
et le démonétisa. La France faillit, à l'instigation
de Michel Chevalier, entrer dans la même voie.
Nos voisins vécurent quelque temps sous le régime
de l'étalon d'argent. Des pièces d'or françaises
traversaient alors la frontière et servaient à un
certain nombre de paiements en Belgique. Un
député interpella le gouvernement à ce sujet et
dénonça à la tribune de Bruxelles le danger
effroyable que cette invasion de l'or français
faisait courir au malheureux ouvrier belge, rému-

néré de son légitime labeur dans cette monnaie dépréciée!

La harangue du gouverneur du Colorado en 1893 n'est-elle pas une réplique piquante, quoique lointaine, à cette philippique brabançonne d'il y a trente-six ans? N'y a-t-il pas là de quoi nous rendre rêveurs et, si cela était permis en matière monétaire, quelque peu sceptiques?

Nous ne prétendons en aucune façon avoir formulé dans les pages qui précèdent un projet actuellement pratique; nous espérons néanmoins que le lecteur voudra bien reconnaître avec nous que cette méditation n'était pas inutile, destinée qu'elle est surtout à nous rendre plus familiers avec l'idée mère, le caractère fondamental de la monnaie métallique, dont si peu d'hommes se préoccupent et qu'un nombre encore moindre arrive à dégager. L'esquisse de ce qui se passerait si on transformait nos monnaies actuelles, avec leurs dénominations variées, en disques d'or et d'argent dont le poids seul serait indiqué, a pour but d'attirer les réflexions de nos contemporains sur l'essence même de ces francs, de ces dollars, de ces livres sterling, bien plus que de pousser les gouvernements à entrer dès maintenant dans cette voie.

Il n'en est pas moins vrai que c'est peut-être là que se trouvera quelque jour le remède aux difficultés monétaires au milieu desquelles se débat la plus grande partie du genre humain.

Ce n'est donc pas faire œuvre stérile que d'engager les économistes et les hommes d'État à prêter quelque attention à ce côté du problème, que leurs travaux ultérieurs et leurs persévérantes recherches devront éclairer au point de le rendre intelligible aux masses, et susceptible alors de recevoir une solution définitive.

TROISIÈME PARTIE

LE CHANGE

___

CHAPITRE VIII

DÉFINITION. CAUSES DES MOUVEMENTS DES CHANGES

Le change, dans son acception la plus vaste, est une opération par laquelle un débiteur se procure le moyen de payer son créancier en un lieu autre que celui où il réside, c'est-à-dire transforme la monnaie d'un certain lieu en monnaie d'un autre lieu. Il peut donc y avoir change à l'intérieur d'un même pays, lorsque, par exemple, un négociant de Paris a une somme à payer, soit, en termes techniques, une remise à faire à un marchand de Marseille, ou inversement. Selon que la masse des créances de Paris sur Marseille dépassera celle des créances de Marseille sur Paris ou lui sera inférieure, le change sur Marseille sera offert ou demandé à Paris. Cette question du change *intérieur* n'a plus d'importance dans des pays aussi avancés en matière économique que la France et l'Angleterre, où les moyens de transport de la monnaie ou de virement sont perfectionnés au point de ne plus occasionner de frais appréciables. Ailleurs, au contraire, elle joue un rôle : en Espagne, les cotes nous indiquent tous les jours que le change entre Madrid et les autres villes du royaume est à 1/8, 1/4, 1/2 pour 100, et même davantage, de perte ou de bénéfice. Il est nécessaire de placer cette considération au début de notre étude, parce qu'elle explique l'origine des mouvements du change, qui ne résultent pas seulement des différences de monnaies, mais des transports de créances ou de dettes d'un point à un autre. Toutefois, ce change intérieur n'entre pour rien dans les perturbations économiques contemporaines dont l'étude nous occupe. Nous le laisserons de côté pour ne considérer que le change international.

Ce dernier est l'opération qui transforme la monnaie d'un pays en celle d'un autre pays. C'est l'acte par lequel un Français achète de la monnaie anglaise : comme il n'a à sa disposition, pour opérer cet achat, que des monnaies françaises ou des valeurs contre lesquelles, en France, il ne peut recevoir que des monnaies françaises, c'est toujours en dernière analyse celles-ci qu'il déboursera pour obtenir la monnaie étrangère. Le change est donc le prix d'une monnaie exprimée dans une autre monnaie; il prend sa source dans les obligations internationales réciproques, que les Anglais désignent du mot *indebtedness*, c'est-à-dire « endettement ». Ces obligations, en dehors des conventions politiques, telles que paiements d'indemnités de guerre ou autres par un gouvernement à un gouvernement, naissent en temps ordinaire des échanges commerciaux. Il faut ici entendre ces échanges dans le sens le plus vaste et ne pas se borner à considérer les envois et réceptions de marchandises qui se pèsent et se mesurent et que les douanes enregistrent; il convient d'y comprendre les échanges de titres mobiliers, rentes, obligations, actions, qui ont acquis de nos jours une si grande importance, et aussi les mouvements de capitaux transportés d'un pays à l'autre, soit par les voyageurs, soit en vertu des ouvertures de crédit consenties par les banquiers aux industriels et aux commerçants.

La nécessité d'envoyer de la monnaie — nous prenons ici ce mot dans son acception la plus large, monnaie de papier aussi bien que de métal — d'un pays dans un autre résulte du fait que le second est devenu créancier du premier. Mais ce n'est pas la seule façon dont ces créances s'éteignent. Loin de là, la monnaie n'intervient ici qu'à titre exceptionnel, et ne fournit en général que l'appoint de ces règlements. Les créances trouvent une contre-partie fréquente dans des créances inverses : lorsque les Français sont créanciers des Anglais pour le beurre et les œufs que la Normandie expédie en Grande-Bretagne, les Anglais nous ont vendu du charbon. Si les banquiers de Londres ont des remises à recevoir de ceux de nos capitalistes qui achètent des consolidés anglais, les lords aiment à venir passer l'hiver à Cannes ou à Biarritz et y dépensent quelque argent. Du reste les consolidés eux-mêmes constitueront leur propriétaire français créancier de l'Angleterre chaque fois qu'il y aura un coupon à détacher.

De même que la question du change ne se poserait pas entre deux pays qui n'auraient aucun rapport économique, de même encore elle n'existerait pas entre eux si le montant des créances de l'un contre l'autre était mathématiquement égal à celui des créances du second contre le premier et que leurs monnaies fussent identiques. Nous n'avons pas besoin d'ajouter que cet état idéal ne se produit jamais. Alors même que cette équivalence parfaite serait réalisée au bout d'une année, par exemple, entre la France et la Belgique, pays qui ont actuellement le même régime monétaire, il y aurait des mois et des semaines durant lesquelles l'équilibre serait rompu dans un sens ou dans l'autre; et cet instant suffirait pour faire varier le change.

Toutefois ces inégalités de l'offre et de la demande sont en partie corrigées par les banquiers qui, prévoyant par exemple des exportations dans trois mois, se feront ouvrir à l'étranger par leurs correspondants des crédits au moyen desquels ils fourniront à leurs compatriotes importateurs le change dont ils ont immédiatement besoin. Trois mois plus tard, leurs compatriotes exportateurs viendront offrir aux mêmes banquiers du change, c'est-à-dire des créances sur le pays où les crédits avaient été ouverts. Les banquiers seront ainsi en mesure de rembourser les crédits. L'effet de l'opération aura été de diminuer l'amplitude des oscillations, en fournissant en temps utile un aliment à la demande et en se mettant du même coup en mesure d'absorber plus tard les offres.

Plus un pays sera endetté vis-à-vis d'un autre, et plus le change de ce dernier montera. Plus nous aurons acheté de marchandises aux Anglais, et plus nous aurons besoin de livres sterling pour les payer. Plus, au contraire, nous leur aurons vendu de nos produits et plus nous aurons de livres sterling à réaliser. Dans le premier cas, le prix de la livre sterling aura une tendance à s'élever, dans le second, à baisser sur le marché de Paris. Mais avant d'en arriver à un transport effectif de pièces de vingt francs en Angleterre, ou de souverains en France, on épuisera d'abord tous les moyens de compensation. Grâce au marché des changes qui existe sur les grandes places commerçantes du monde, les créanciers et les débiteurs de l'étranger sont mis en présence : les premiers vendent aux seconds, sous forme de chèques, de virements, de lettres de change, les sommes qu'ils ont à recouvrer et que ces derniers ont à payer.

Voilà une première série de causes qui agissent sur le mouvement des changes, qui font monter ou baisser le prix du franc à Londres ou de la livre sterling à Paris. Nous les appellerons *physiques*, elles sont en effet analogues à celles qui, dans la nature, mettent les corps en mouvement, les attirent ou les repoussent; elles sont comparables à la force centrifuge, à la force centripète, à la loi de gravitation. Il en est d'autres qui ne tiennent pas aux rapports commerciaux des principales places du monde entre elles, mais à la constitution intime, à l'essence des instruments au moyen desquels ces rapports s'établissent, c'est-à-dire de la monnaie des différentes nations. On nous permettra de les désigner du nom de *chimiques* : elles résultent de la nature même des éléments dont ces instruments monétaires sont formés : l'abus de la monnaie de papier, la dépréciation de l'argent par rapport à l'or ont aujourd'hui pris des proportions telles que ces causes de perturbation des changes sont incomparablement plus importantes que les autres. Ce sont elles que nous allons essayer d'analyser tout d'abord, après quoi nous montrerons les mouvements qu'elles engendrent et la façon dont elles se combinent avec les premières pour amener les perturbations économiques dont nous sommes aujourd'hui témoins dans une partie du monde.

CHAPITRE IX

MONNAIE DE MÉTAL ET DE PAPIER

La France, contrée de grande épargne et de capitaux accumulés, se préoccupe à juste titre des crises financières que traversent un certain nombre de pays, auxquels elle a fait crédit et à qui elle a confié une partie de ses capitaux. Ces crises, d'une façon à peu près uniforme, se manifestent par la baisse des changes. Il est intéressant de rechercher les causes, de décrire les effets et d'étudier les remèdes d'une maladie qui ne varie que par son degré d'intensité et qui se manifeste dans divers continents par des symptômes analogues. Cette question du change est arrivée à un tel degré d'acuité que les gens les plus étrangers aux questions financières sont obligés de s'en préoccuper; il est nécessaire d'en rappeler les origines avant de passer à l'observation des phénomènes qui apparaissent aujourd'hui chez diverses nations d'Europe et d'Amérique, en Espagne, en Portugal, en Italie, en Grèce, comme au Brésil et dans la République Argentine. Nous ne citons ces pays qu'à titre d'exemple, car le nombre de ceux qui ont à se préoccuper du problème est infiniment plus considérable, comme nous ne tarderons pas à le voir par la suite de cette étude.

La monnaie, chez les peuples civilisés, consiste d'abord en ce qu'on est convenu d'appeler les métaux précieux, c'est-à-dire l'or et l'argent; l'électrum des anciens Grecs n'existe plus; les Russes ont renoncé à leurs pièces de platine; le cuivre, le bronze et le nickel ne servent que d'appoint dans les paiements et peuvent donc être négligés, d'autant plus que le caractère en est différent dès l'instant où ils n'ont pas force libératoire. L'argent est descendu au même rang dans quelques pays.

Si, chez l'universalité des nations, la monnaie n'avait pas revêtu d'autre forme que celle de disques métalliques contenant l'or et l'argent en proportions déterminées connues à l'avance, la question du change serait aisée à comprendre; une fois les compensations épuisées, les paiements à faire d'un pays à l'autre se réduiraient à l'envoi d'une certaine quantité d'or ou d'argent, c'est-à-dire d'un certain nombre de pièces, dont la somme équivaudrait à la quantité de métal promis et dû en représentation des marchandises

achetées par le pays débiteur au pays créancier.
Mais les choses sont loin de se présenter avec
cette simplicité, et nous sommes obligés de
prendre immédiatement en considération une
autre forme de monnaie, connue en général
sous le nom de billet de banque. Ce nom n'est
pas toujours adéquat à l'objet désigné, puisqu'il
s'applique parfois à des billets émis directement par un gouvernement, auquel cas le terme
de billet d'État serait mieux à sa place. Ici
encore la question était simple au début : elle
n'est devenue complexe que par les développements multiples de la vie économique. Dans le
monde moderne, le billet de banque ne fut
d'abord autre chose qu'un signe représentatif
de monnaie métallique contre laquelle il devait
toujours être échangeable. Si donc dans chaque
pays on pouvait considérer, comme cela est le
cas en Angleterre et en France, un billet de
banque comme une sorte de certificat de dépôt,
dans les caisses de la banque d'émission, d'une
certaine quantité de métal précieux, ou tout au
moins comme le signe du droit conféré au porteur de réclamer cette quantité de métal en
échange du billet, il est évident que nous
n'aurions pas besoin de nous arrêter longue-
ment à ce signe représentatif. Lorsqu'un Américain, à Chicago ou à San Francisco, reçoit un
billet de la Banque de France de cent francs, il
sait que ce billet est l'équivalent de cinq pièces

de 20 francs en or ou de vingt pièces de 5 francs en argent, et qu'il lui suffit, si tel est son plaisir, d'expédier ce billet à son correspondant français pour recevoir en échange l'une ou l'autre des quantités de métal précieux que nous venons d'indiquer. Si un marchand de thé de Shang-Haï reçoit un billet de 5 livres sterling de la Banque d'Angleterre, il sait que ce billet est échangeable à Londres contre cinq pièces de 1 livre sterling chacune en or.

Mais la situation est tout autre dans les pays à cours forcé, c'est-à-dire là où le billet de banque n'est pas échangeable à vue contre des espèces. Comment peut-on arriver à cette situation, bizarre en apparence, d'un signe de monnaie qui, au fond, ne tire de valeur ou ne devrait tirer de valeur que de la possibilité donnée à son porteur de l'échanger à toute heure contre des espèces, et qui, malgré la suppression de cette faculté, continue à servir d'instrument d'échange dans les transactions ?

Lorsque, pour la première fois, l'idée du billet de banque a paru dans le monde, elle ne pouvait pas être différente de ce que nous avons indiqué plus haut : à l'origine, ces signes représentatifs ne furent pas autre chose que des reçus de numéraire déposé en lieux sûrs ; ces signes circulaient et avaient force de monnaie grâce à la signature des dépositaires attestant la présence dans leurs caisses de monnaies effec-

tives ou, ce qui revenait au même, de métaux
précieux devant toujours être tenus à la disposition des porteurs de billets. Law lui-même, au
début du système, l'avait formellement déclaré ;
mais peu à peu la force des choses amena des
altérations du contrat primitif intervenu entre
les banques ou l'État, qui avaient promis le
paiement en espèces, et les porteurs des billets,
qui les avaient acceptés sur la foi de cet engagement. Sous le coup de nécessités politiques
ou économiques, et en particulier sous la pres-
sion des dépenses militaires, un grand nombre
de pays — on pourrait presque dire tous, — à
un moment donné de leur histoire, ont établi
le cours forcé : n'ayant pas à leur disposition
des quantités de métal précieux suffisantes pour
solder les paiements qu'ils étaient obligés de
faire, ils ont, en vertu de leur pouvoir souverain, donné force libératoire aux billets de
banque, c'est-à-dire ont enjoint à leurs nationaux de les recevoir en représentation de leurs
créances. Bien entendu, cet acte arbitraire était
toujours accompagné de la promesse de ne lui
attribuer que des effets passagers et de reprendre,
u bout d'une période plus ou moins courte, le
paiement en espèces, c'est-à-dire l'échange, au
gré du porteur, du papier contre métal. Mais si
un certain nombre de pays ont tenu cette promesse, d'autres n'ont pas réussi à relever leur
situation économique de façon à remplir leur

engagement. C'est pourquoi tant de peuples souffrent aujourd'hui de cette situation irrégulière qui se résume en un mot : « *monnaie de papier* ».

L'exposé qui précède suffit à faire comprendre pourquoi cette monnaie de papier n'a pas une valeur égale à celle du métal qu'elle représentait à l'origine, mais qu'elle cesse de représenter intégralement du jour où elle n'est plus échangeable contre lui à vue. Il n'est donc pas nécessaire d'insister sur les causes de sa dépréciation. Ce qu'il faut au contraire rechercher, ce sont les motifs pour lesquels elle continue à avoir une valeur quelconque; car on doit se demander pourquoi un chiffon, sur lequel certains caractères et certaines signatures sont imprimés, peut servir à acheter du blé, du fer ou de la viande. Si cette faculté d'échanger le billet contre espèces était considérée comme abolie à tout jamais, la conséquence logique de notre raisonnement se ferait sentir dans toute sa rigueur et le billet de banque tomberait à rien ; c'est ce qui s'est produit sous la première République, quand l'émission folle des assignats en réduisit la valeur au point qu'une paire de bottes se payait 10 000 livres et qu'un louis d'or valait 6 000 francs en papier. Appliquant ici une formule mathématique, nous dirons que la période du remboursement étant reculée à l'infini, la valeur du papier décroit également à l'infini. La faculté que le gouvernement ne saurait refuser à un papier d'État de servir toujours à l'acquittement des impôts ne suffit pas elle-même, dans certains cas, à le préserver d'une dépréciation complète.

Il convient ici de faire entrer en ligne de compte des considérations historiques et philosophiques pour expliquer le fait que le billet de banque peut et doit avoir une certaine valeur, et arriver en même temps à comprendre les irrégularités de valeur de ces billets de banque dans les divers pays. Établissons bien clairement ce que nous entendons par *valeur d'un billet de banque*, dans les échanges internationaux : il ne s'agit pas de sa valeur nominale, puisque cette valeur nominale n'est complète que là où le billet de banque est échangeable contre des espèces; si un billet de banque français de 100 francs vaut 100 francs; si un billet de banque anglais de 5 livres sterling vaut 5 livres sterling, c'est parce que tous deux sont échangeables contre les quantités indiquées de livres sterling ou de francs d'or. Quelle est au contraire aujourd'hui la valeur d'un billet de banque russe de 100 roubles à Paris? Elle n'est que de 270 francs, alors que 100 roubles métal or valent 400 francs [1]. Nous entendons donc par

---

1. Nous laissons à dessein de côté la question de savoir si le rouble doit être considéré comme un rouble or ou un rouble argent. Dans ces deux hypothèses d'ailleurs, la valeur du rouble papier diffère de celle du rouble métal.

valeur d'un billet de banque la quantité de métal contre laquelle il peut être actuellement échangé. Tout ce qui précède s'applique à la question des échanges *internationaux*, puisque dans l'intérieur des frontières de la Russie un billet de banque de 100 roubles vaudra toujours nominalement 100 roubles, la loi ne reconnaissant qu'une seule unité monétaire. Si l'on veut se rendre compte des variations du *pouvoir d'achat* de ce billet, il convient de rechercher dans quelle mesure le signe représentatif de la monnaie à l'intérieur des frontières d'un pays est affecté par le change, c'est-à-dire la proportion dans laquelle le prix des denrées s'élève à mesure que la valeur de la monnaie nationale, comparée aux monnaies étrangères, baisse. C'est un point sur lequel nous reviendrons.

Nous avons déjà indiqué la principale des raisons historiques qui expliquent la valeur attribuée au billet de banque dans les pays à cours forcé, c'est-à-dire le fait que les hommes consentent à se dessaisir de leurs marchandises ou à donner leur travail contre lesdits billets : c'est qu'à l'origine tous étaient remboursables en métal et que par conséquent l'humanité ne s'est pas déshabituée de considérer ces morceaux de papier comme l'équivalent d'une certaine quantité d'or ou d'argent. La deuxième raison est que, toutes les fois que les gouvernements ont suspendu la convertibilité des billets en espèces, ils ont eu soin de déclarer que c'était une mesure temporaire. La troisième, qui découle des deux premières, c'est que le public ne perd pas l'espérance de voir reprendre un jour ou l'autre les paiements en espèces.

Les raisons philosophiques se résument en une seule : la confiance plus ou moins grande qu'a le public dans la parole du gouvernement, c'est-à-dire dans l'engagement de reprendre ces paiements en numéraire et dans les moyens qui sont à sa disposition pour l'exécuter. Telle est la combinaison des divers éléments, plus faciles à compter qu'à peser, qui ont pour résultante la valeur et le pouvoir d'achat du billet de banque. On voit combien l'analyse en est délicate et combien il est difficile, pour ne pas dire impossible, de déterminer à l'avance le résultat de ces calculs. D'ailleurs le change, comme son nom l'indique, est mobile par essence; il est, pour employer une expression barbare, mais qui peint bien notre pensée, dans un « devenir » perpétuel.

L'étude des changes, si elle peut se séparer, dans une certaine mesure, de l'étude proprement dite de la valeur du billet de banque, n'est au fond que l'une des deux faces d'un même problème, qui est précisément la recherche de la détermination de la valeur de ce billet de banque : seulement ce billet doit être considéré, d'une part au point de vue de son pouvoir d'achat pour les transactions qui ont lieu entre les habitants d'un même pays, et, d'autre part, au point de vue des transactions entre ces nationaux et les étrangers. Il n'y a pas corrélation absolue entre ces deux quantités, parce que, d'une part, l'appréciation du crédit d'un pays peut ne pas être faite exactement de même par ses propres habitants et par ceux du dehors, et aussi parce qu'en tout état de cause, il convient, dans les rapports avec l'étranger, de tenir compte d'éléments additionnels d'instabilité que nous allons énumérer tout à l'heure : certains de ces éléments n'entrent pas en ligne de compte pour les transactions intérieures, d'autres sont de nature à ne les influencer que dans une mesure plus faible et au bout d'un temps plus long.

En résumé, le billet a la valeur que veulent bien lui accorder ceux qui le reçoivent, et à ce point de vue il est régi par l'éternelle loi économique de l'offre et de la demande, en sorte que tout d'abord son estimation sera en raison inverse de la quantité qui en existe. Il est bien entendu que pour apprécier cette quantité il devra être tenu compte de l'étendue, de la richesse et de la population du pays dont il s'agit. La seconde considération déterminante est celle de la quantité de numéraire qui existe dans les caves de la banque d'émission ou du gouvernement souscripteur des billets.

Ces deux éléments : quantité des billets, stock

de métal précieux existant dans le pays, sont de nature à être appréciés d'une façon immédiate par les nationaux aussi bien que par les étrangers, et exercent donc leur influence sur les prix des marchandises et des salaires à l'intérieur du pays, soit à l'importation soit à l'exportation ; dans cette dernière catégorie nous avons à comprendre non seulement le mouvement des marchandises indiqué par les tableaux de douanes, non seulement celui des titres mobiliers, rentes, actions, obligations qui joue un si grand rôle dans l'activité économique contemporaine, mais aussi le mouvement des voyageurs, puisque des nationaux d'un pays allant à l'étranger sont une cause de dépenses, tandis que les étrangers venant dépenser de l'argent à l'intérieur du pays sont une cause de recettes.

Considérons le commerce d'exportation : le pays qui envoie ses marchandises au dehors devient créancier de celui à qui il fait l'expédition : ce dernier doit donc lui remettre des espèces pour solder sa dette, ou se procurer d'une façon quelconque des billets de banque indigènes avec lesquels il obtiendra ce résultat. De quelque manière que les transactions se règlent, c'est une cause d'amélioration pour la valeur du billet de banque ; car ou bien il sera plus demandé sur le marché, ou bien la quantité d'espèces circulant dans le pays et lui servant de garantie directe ou indirecte sera augmentée.

CHAPITRE X

SIMPLE ET DOUBLE ÉTALON. LE PAPIER PARFOIS PLUS CHER QUE LE MÉTAL

Le monde, au point de vue monétaire, se divise en deux grandes catégories : pays monométallistes et pays bimétallistes. Les premiers sont ceux qui n'admettent comme étalon que l'or ou l'argent, à l'exclusion de l'autre métal. L'Angleterre est monométalliste or, parce que chez elle on ne peut valablement se libérer d'une dette qu'en livrant à son créancier une quantité d'or qui corresponde au' nombre de livres sterling dont on est débiteur : l'unité monétaire anglaise, la livre sterling, est un certain poids d'or, et n'est que cela; la monnaie d'argent ne joue que le rôle d'appoint et n'a pas force libératoire pour des paiements supérieurs à quarante shillings. Le Mexique, au contraire, est sous le régime du monométallisme argent; la piastre, pièce qui contient un certain nombre de grammes d'argent, est le seul moyen d'y acquitter ses dettes : l'or y est une marchandise. Les pays bimétallistes sont ceux qui, comme le nôtre, ont décrété que l'unité monétaire était indifféremment l'or ou l'argent; lorsqu'un Français doit 20 000 francs à un autre Français, il peut, à son choix, lui remettre mille pièces de 20 francs en or ou quatre mille pièces de 5 francs en argent. Pour ce faire, il a fallu que le législateur assignât, une fois pour toutes, une relation de valeur fixe aux deux métaux : à cet effet, notre célèbre loi de Germinal a proclamé que 15 gr. 1/2 d'argent seraient considérés comme l'équivalent d'un gramme d'or. Ce rapport de 15 1/2 a depuis longtemps cessé d'être conforme à la réalité; l'or vaut aujourd'hui, sur le marché des métaux précieux, non pas 15 fois 1/2 son poids d'argent, mais plus de trente fois ce même poids; c'est ici qu'apparaît le côté vulnérable de la théorie bimétalliste, lorsqu'elle prétend maintenir entre eux un rapport invariable.

Le bimétallisme complet, au véritable sens du mot, n'existe que là où il est loisible à chaque particulier de faire convertir aux hôtels des monnaies nationaux toute quantité d'or ou d'argent en monnaies libératoires. Or cette situation, qui a été celle de la France pendant septante années, n'existe plus dans aucun pays du monde : l'État lui-même s'est interdit chez nous de frapper des nouvelles monnaies d'argent. Celles-là seules qui avaient été créées antérieurement ont conservé leur force libératoire, le stock n'en augmente plus. L'Allemagne, avec ses anciens thalers d'argent, est dans une situation semblable. Là où le bimétallisme survit encore, il ne subsiste plus dans son intégralité : c'est l'étalon boiteux, qui ne permet la libre frappe que de l'or et ne conserve la force libératoire à l'argent que pour les monnaies antérieurement frappées.

Une troisième catégorie de pays est celle des pays à monnaie de papier, c'est-à-dire à cours forcé. Dans un certain sens, ils ne devraient pas former l'objet d'une classification spéciale; car, ainsi que nous l'avons expliqué, si leur billet de banque vaut quelque chose, c'est qu'il représente le souvenir d'espèces métalliques, en représentation desquelles il a été créé, et surtout l'espérance d'être échangeable dans un délai plus ou moins long contre ces mêmes espèces métalliques. Les pays à cours forcé devraient donc être classés dans l'une ou l'autre des deux premières catégories, c'est-à-dire dans les pays monométallistes, or ou argent, ou bien dans les pays bimétallistes, suivant que leur système monétaire a été ou bien sera le monométallisme ou le bimétallisme. Il faudrait se demander par exemple ce que représenterait le rouble, le jour

où la Russie reprendrait les paiements en espèces. La question n'est pas aussi aisée à résoudre
qu'elle le parait au premier abord. Il semblerait en effet que, pour savoir ce que vaut le
rouble ou, en d'autres termes, quel est le pair
du rouble, il suffise de se reporter à la date
précise où le paiement en espèces a cessé en
Russie, et de voir quelle était alors la quantité
de grammes d'or ou d'argent contenue dans un
rouble. Cette réponse serait exacte, si la reprise
des paiements en espèces se faisait toujours avec
cette simplicité élémentaire. C'est ainsi qu'elle
a eu lieu en France après la guerre de 1870, qui
avait motivé l'établissement du cours forcé; le
franc d'or ou d'argent qu'on nous a rendu en
1878 contre notre billet de banque était identique au franc d'avant 1870; c'est ainsi que la
reprise s'est faite en Italie, pour un temps bien
court il est vrai, lorsque M. Magliani eut remis
l'ordre dans les finances et, par son grand
emprunt de 600 millions, ramené le numéraire
dans la Péninsule : le résultat obtenu dans ce
dernier pays n'a pu être consolidé et aujour-
d'hui, bien que le cours forcé n'y soit pas rétabli
en droit, il y existe en fait.

Mais, dans beaucoup de cas, le gouvernement
qui reprend les paiements en espèces ne se con-
tente pas d'un retour à l'ancien étalon. Il peut
être amené à une altération de cet étalon antérieur par deux ordres de motifs. Le premier

serait une modification considérable survenue dans la valeur des métaux précieux. Si, par exemple, la Russie décrétait aujourd'hui purement et simplement le rétablissement du monométallisme argent qui était la base de son système monétaire, ce rouble argent qui s'échangeait, il y a quarante ans, contre un rouble en or, n'aurait plus guère aujourd'hui que la moitié de la même valeur [1] Par conséquent, la Russie, si elle désirait rendre à son étalon le niveau d'autrefois, devrait créer un rouble qui valût quatre francs français, contre lesquels un rouble d'argent était échangeable au moment de la cessation des paiements en espèces. Elle devrait porter à 35 grammes environ la teneur du rouble qui contenait 18 grammes d'argent fin, de façon à ce qu'il pesât environ trente fois le métal contenu dans un rouble or [2]; ou bien encore la Russie pourrait être amenée à modifier ce système et à se faire monométalliste or, au lieu de redevenir monométalliste argent.

Le deuxième motif d'un gouvernement pour ne pas se contenter de rétablir l'ordre de choses antérieur, est qu'il peut trouver excessif d'amener brusquement une variation considérable dans la valeur de son unité monétaire. Le rouble russe

---

1. Nous avons, dans nos calculs, pris comme base le cours anglais de 32 pence par once standard d'argent fin, soit environ 3 fr. 35 pour 31 grammes, ou 0 fr. 08 par gramme d'argent fin.

2. Le rouble or contient 1 gr. 613 de fin.

vaut aujourd'hui 2 fr. 70 environ. Si le ministre des finances déclarait, du jour au lendemain, que le rouble papier est échangeable contre un rouble d'or au taux actuel, ce serait décréter que le rouble aura désormais une valeur de quatre francs; ce serait par conséquent faire monter de cinquante pour cent la valeur du rouble, ce qui amènerait une perturbation colossale dans la vie économique et commerciale de la Russie.

Ce pays serait donc conduit, en rétablissant les paiements en espèces, à créer un nouvel étalon, une nouvelle unité monétaire, et à décréter, par exemple, que l'unité serait désormais le rouble or, contenant une quantité de ce métal équivalente aux trois quarts du métal contenu dans le rouble or actuel, ce qui reviendrait à fixer à 3 francs la valeur du futur rouble.

Nous avons un modèle de cette seconde façon de procéder en Autriche-Hongrie, où, comme on le sait, la reprise des paiements en espèces est en voie d'exécution : le florin or vaut exactement 2 fr. 50, mais le billet de banque de un florin ne vaut que 2 fr. 10 environ; pour rétablir le paiement en espèces sans qu'il en résulte de secousse économique, le gouvernement crée une monnaie nouvelle, dont la quantité échangeable contre un florin papier ne contiendra qu'une quantité d'or équivalente aux quatre cinquièmes environ de celle qui est contenue dans un florin d'or actuel. La double couronne qui remplace le florin contient autant d'or que 2 fr. 10 de monnaie française. L'Autriche-Hongrie nous offre le spectacle très instructif de la double transformation opérée simultanément. Ce pays, sans tenir compte de la valeur antérieure de son unité monétaire, lui assigne une valeur métallique égale à son cours d'aujourd'hui, et change en même temps d'étalon : du monométallisme argent, qui était autrefois la base du système monétaire autrichien, il se prépare à passer au monométallisme or. Cette opération de reprise des paiements en espèces dans l'empire des Habsbourg vient à l'appui de notre théorie. Elle explique pourquoi, malgré la longue durée du cours forcé dans ce pays, le billet de banque n'a pas cessé d'y avoir une valeur appréciable; les quantités émises ont presque toujours été modérées, l'encaisse métallique a été maintenue et, dans les derniers temps, augmentée; le public, en conséquence, a constamment senti qu'il se rapprochait de l'époque où l'état anormal cesserait et où il se retrouverait en présence d'une situation régulière, c'est-à-dire d'un papier convertible en espèces.

Il s'est même produit dans les cours du change autrichien un phénomène curieux : la valeur du florin était restée supérieure à celle de la quantité de métal argent contenu dans ce même florin. La baisse de l'argent de plus de

50 pour 100 ramenait à moins de 1 fr. 25 la
valeur métallique intrinsèque du florin qui était
néanmoins coté 2 francs, 2 fr. 10, parfois même
2 fr. 15 sur la place de Paris. Les créanciers
de l'Autriche-Hongrie avaient donc la confiance
que, non seulement elle reprendrait les paiements en espèces, mais qu'elle les reprendrait
dans une monnaie d'une valeur intrinsèque supérieure à celle du métal qui en constituait la base
avant l'établissement du cours forcé.

CHAPITRE XI

OR ET ARGENT

Nous sommes déjà assez avancés dans cette
étude, bien que nous n'ayons encore fait qu'es-
quisser les principes généraux qui doivent guider
nos recherches à travers la complexité et l'amon-
cellement de faits à la fois multiples et chan-
geants, pour avoir fait sentir à nos lecteurs que
la valeur du papier monnaie n'est pas chose
arbitraire : loin d'être soumise aux caprices de
l'imagination, elle est réglée par des lois, qui,
pour ne pas être mathématiques, n'en sont pas
moins inflexibles ; aussi n'y a-t-il pas de chi-
mère plus dangereuse que la fallacieuse théorie
selon laquelle on pourrait impunément multiplier cette monnaie de papier, et faire servir
cette création arbitraire à une soi-disant augmentation de richesse et de bien-être d'un pays ;
c'est le contraire de la vérité ; dès que le billet

cesse d'être convertible en numéraire, il perd une partie de sa valeur et il en perd une fraction d'autant plus grande qu'il est en plus forte quantité.

Le billet de banque doit donc être remboursable en espèces. Mais lesquelles? Nous voici amenés à examiner un autre élément de la question des changes qui n'a joué qu'un rôle secondaire dans les deux premiers tiers du xixᵉ siècle, mais qui a pris récemment une importance telle que la suppression du cours forcé dans les pays affligés de ce mal ne suffirait pas aujourd'hui à le guérir partout, c'est-à-dire à ramener le cours des changes internationaux à un niveau stable et normal.

Il s'agit de la question monétaire proprement dite, de celle des métaux précieux, de l'or et de l'argent. Si le monde entier admettait un rapport fixe entre ces deux substances privilégiées, si par exemple quinze kilogrammes et demi d'argent étaient partout l'équivalent d'un kilogramme d'or, il serait indifférent à celui qui doit recevoir un paiement dans la monnaie d'un certain pays, que cette monnaie fût jaune ou blanche; pourvu qu'elle fût frappée dans le rapport universellement admis, il serait assuré d'obtenir dans l'univers la même quantité de marchandises avec un poids d'or ou quinze poids et demi d'argent. La question du change se réduirait à celle des rapports entre pays à circulation, métallique et

pays à circulation de papier, ce dernier s'échan-
geant contre une quantité plus ou moins grande
de métal, selon que sa valeur monterait ou bais-
serait, influencé par les diverses causes énumérées plus haut.

Mais aujourd'hui il faut distinguer les pays
à étalon d'or et les pays à étalon d'argent,
c'est-à-dire que nous ne pouvons plus nous
borner à opposer au papier le métal, il faut
spécifier celui dont il est question. Cette distinction a existé à presque toutes les époques
de l'histoire; un concours de circonstances
spéciales a fait que de 1803 à 1870 la valeur
relative de l'or et de l'argent avait si peu
varié que l'Europe put croire un moment que le
mystérieux et tout-puissant 15 1/2 était la loi
monétaire par excellence, établie pour l'éternité
des siècles. Les événements ont prouvé que ce
n'était là qu'un temps d'arrêt momentané, qui
a fait illusion aux générations contemporaines,
sans que le cours inéluctable des choses pût
être arrêté. Nous n'avons pas à entrer ici dans
cette discussion; nous nous référons à cet égard
au chapitre v du présent volume. Nous nous
bornerons à exposer l'influence qu'elle exerce
sur le change.

Si un Français qui a vendu des marchandises
au Mexique devient de ce chef créancier de
100 piastres mexicaines, il recevra 100 pièces
d'argent à l'effigie de la république mexicaine

pesant chacune 27 grammes [1]. Si le même Français est débiteur en Angleterre de 20 livres, il devra remettre à son créancier anglais 20 pièces d'or de une livre sterling, ou, ce qui revient au même, des billets de la Banque d'Angleterre pour 20 livres sterling, ou, ce qui revient encore au même, une traite sur Londres payable en or ou en billets échangeables en or. Il aura besoin, pour établir la balance de ses déboursés et de ses encaissements, de comparer la valeur des piastres reçues en Amérique avec celle des livres sterling à payer en Grande-Bretagne. L'empreinte dont les monnaies sont revêtues perd toute sa valeur hors du territoire national. Une piastre mexicaine sur le marché de Londres ne vaut que la teneur en argent fin qu'elle donnerait si on la jetait au creuset, à moins qu'elle ne soit offerte précisément à un négociant qui aurait des paiements à faire dans la République mexicaine, et qui pourrait trouver convenance à faire l'acquisition de ces monnaies pour les expédier à son créancier mexicain. Toutefois, comme la frappe de l'argent est libre au Mexique, le négociant se gardera de payer la monnaie à plus de sa valeur intrinsèque, sachant que, si on lui en demande un prix exagéré, il n'a lui-même qu'à se procurer un lingot au cours du jour et à l'envoyer à la Monnaie de Mexico pour l'y faire transformer en piastres.

1. Dans nos calculs, il nous arrivera de négliger les fractions.

Partout où les monnaies se frappent librement, il ne saurait y avoir de différence entre la
valeur nominale et la valeur réelle d'une pièce.
Dans certains pays et dans certains cas particuliers, la suspension de la frappe d'une catégorie
de monnaies d'argent auxquelles a été conservée
la force libératoire, leur assure artificiellement
une valeur supérieure à la valeur intrinsèque;
mais ce phénomène ne se produit qu'à titre
exceptionnel et transitoire. La monnaie ainsi
limitée devient une sorte de billet de banque,
d'assignat métallique. Elle peut être assimilée
à l'or dans les pays où elle s'échange contre ce
métal. Dans les autres, elle aura la valeur du
métal qu'elle contient, à moins que celle du
billet de banque, qui sera toujours leur limite
minimum, ne soit supérieure à celle du métal
blanc : tel est le cas du florin-argent d'Autriche-
Hongrie. Tel est aussi le cas de notre pièce en
argent de cinq francs. Qu'un Français veuille
s'en servir sur le marché de Londres pour effectuer un paiement à un Anglais, il n'en tirera
que la valeur du métal au cours du jour. Mais
qu'un Anglais cherche à se procurer des remises
sur France pour acquitter une dette en France,
il pourra accepter des écus à leur valeur nominale, puisqu'ils seront reçus comme tels par son
créancier français. En résumé, partout où les
monnaies se frappent librement, elles ne sau-
raient avoir de valeur supérieure à celle du

métal qui les constitue. Là où il en est autrement, c'est que la libre frappe est suspendue :
les pièces ainsi limitées dans leur nombre peuvent conserver ou acquérir une valeur supérieure ; si elles sont échangeables à un taux fixe
contre des pièces de l'autre métal, leur valeur
se règle en ce cas d'après la proportion dans
laquelle l'échange se fait.

L'argent qui dans les pays bimétallistes a été
frappé à raison de 15 poids et demi d'argent
pour un d'or dans l'Union latine, de 16 poids
d'argent pour un d'or aux États-Unis, de 15 poids
5/8 d'argent pour un d'or en Hollande, ne vaut
aujourd'hui sur le marché libre des métaux précieux qu'environ le trentième de son poids d'or.
En d'autres termes, si en France nous voulions
frapper des pièces de cinq francs en argent qui
fussent par rapport à l'or dans la proportion de
l'once d'argent à l'once d'or sur le marché de
Londres, ces pièces, au lieu de peser 25 grammes, devraient en peser à peu près 50 [1] ; au lieu
de contenir 22 gr. 1/2 d'argent fin, elles devraient
en contenir environ 44.

Si donc on compare la monnaie mexicaine à
la monnaie anglaise, on est amené à conclure
que le change de l'une par rapport à l'autre

1. La pièce d'or française de 20 francs pèse 6 gr. 4516 et
contient, à raison de neuf dixièmes de fin, 5 gr. 8064 d'or
pur. 5 gr. 8064 d'or peuvent acheter 172 grammes d'argent
au cours de 32 deniers l'once standard à Londres (l'once standard est à 925 millièmes de fin).

doit s'établir précisément dans la proportion de
la valeur de l'or par rapport à celle de l'argent.
Si ce rapport était de 15 1/2 comme autrefois,
il ne faudrait pas tout à fait 5 piastres mexicaines
pour fournir la contre-valeur d'une livre sterling
anglaise ; au rapport de 1 à 30 il en faut près
de 9, parce que le poids d'or fin contenu dans
une livre sterling s'échange sur le marché,
au cours de 32 pence l'once, contre 215 gr. 75
d'argent ; et avec 215 gr. 75 d'argent fin on
frappe environ 8 1/2 piastres mexicaines, qui
contiennent chacune 24 gr. 43 d'argent fin.

Le problème, simple à l'origine lorsqu'il
s'agissait seulement d'étudier l'échange d'un
poids de métal contre des billets de banque ou
d'État, se complique, puisqu'il faut distinguer
le cas où ce métal est l'or et le cas où ce métal
est l'argent. Nous avons ainsi trois hypothèses
à envisager : échange du papier contre l'or,
échange du papier contre l'argent et échange
de l'or contre l'argent. Il faut y ajouter l'examen
des cas résultant de la situation des pays bimétallistes : échange du papier contre la monnaie
du pays bimétalliste ; échange de la monnaie du
pays monométalliste or contre celle du pays
bimétalliste ; échange de la monnaie du pays
monométalliste argent contre celle du pays bimétalliste, et enfin rapports de deux pays bimétallistes entre eux. En réalité cette complication
est moindre que la théorie ne l'indique : prati-

quement un pays bimétalliste ne règle ses échanges internationaux qu'au moyen d'un seul métal ; le change entre ce pays bimétalliste et les autres s'établira précisément *selon la nature du métal qu'il fournira*, et l'hypothèse rentre par conséquent dans celle du pays monométalliste or ou dans celle du pays monométalliste argent.

CHAPITRE XII

LOIS DES OSCILLATIONS DU CHANGE ENTRE LES DIVERS PAYS

Supposons que les nations du monde entier aient l'étalon d'or, que les monnaies d'or circulent en quantité illimitée dans chaque pays, c'est-à-dire que les capitalistes puissent se procurer, en représentation de leurs capitaux, le nombre de francs, de livres sterling, de dollars, de florins, de reichsmarks, etc., en or qu'ils veulent, le problème ne serait pas compliqué. Un Français ayant 100 livres sterling à payer à Londres n'aurait qu'à se demander quel est le poids d'or contenu dans 100 livres sterling, il calculerait combien de pièces de 20 francs il doit réunir pour constituer un poids d'or équivalent et les expédierait à Londres pour solder sa dette. L'Anglais qui recevrait ces francs n'aurait qu'à les faire fondre de façon à frapper des livres sterling en nombre correspondant aux grammes d'or contenus dans les pièces de 20 francs. Toute l'opération n'entraînerait d'autres frais que ceux du transport de Paris à Londres et ceux de la fonte. Comment s'exprimerait alors le change de la France sur l'Angleterre? En un mot combien de francs un Français débiteur d'un Anglais pourrait-il être amené à débourser pour acheter une créance sur l'Angleterre, au moyen de laquelle il puisse compenser sa dette? Évidemment une somme qui ne s'écarterait que fort peu de la quantité que nous venons d'indiquer. Le prix de la traite qu'il consentirait à payer ne dépasserait jamais le nombre de francs équivalant au poids d'or contenu dans 100 livres sterling, augmenté des frais de transport, de fonte et de la perte d'intérêt résultant du temps qui s'écoule entre le moment du débours à Paris et celui où les pièces d'or français arrivées à Londres seront transformées en livres sterling anglaises. Nous savons que dans 25 fr. 22 il y a exactement autant d'or que dans une livre. En admettant que les différents frais que nous venons d'indiquer s'élèvent à 10 centimes, on peut dire qu'un débiteur français ne doit pas consentir à payer au banquier qui lui offre une traite sur Londres plus de 25 fr. 32; car si le banquier lui demandait un prix supérieur, le négociant français n'aurait qu'à prendre 126 pièces de 20 francs plus une fraction, à les empiler dans une caisse et à les expédier à Londres, où elles seront transformées en 100 pièces d'une livre. Voilà donc une limite que le change ne pourra franchir, bien entendu dans l'hypothèse où le négociant français aura toujours en France, à sa disposition, soit dans la circulation, soit à la Banque de France, toutes les pièces de 20 francs qui lui sont nécessaires.

Inversement un débiteur anglais, qui aura 1 000 francs à payer à Paris, ne consentira jamais à payer plus d'une livre sterling pour recevoir 25 fr. 12, c'est-à-dire 25 fr. 22 diminués des 10 centimes de frais : car si le banquier voulait lui donner moins de 25 fr. 12 de traite sur Paris contre sa livre sterling, le négociant anglais n'aurait qu'à envoyer à Paris 40 pièces d'une livre, dont la fonte en pièces de 20 francs lui permettrait, à une fraction près, de régler sa dette de 1 000 francs [1]. En conséquence, entre pays à circulation d'or, le change ne pourra jamais varier au delà de ces limites maximum et minimum, que nous appellerons le pair métallique, augmenté ou diminué des frais de transport, de fonte et de perte d'intérêt. Il en serait de même entre deux pays monométallistes

1. Dans la pratique des affaires, ces limites supérieures et inférieures des exportations de numéraire sont un peu plus étendues, parce que les pièces d'or qu'on se procure n'atteignent pas toujours le plein poids. La tolérance légale de poids et de titre peut abaisser, dans les bornes de la loi, la valeur intrinsèque des monnaies.

argent : le raisonnement serait identique. La Chine et le Mexique pouvant toujours régler leurs comptes par des expéditions d'argent, le change entre ces deux pays ne variera que selon la loi posée.

Entre un pays monométalliste or et un pays monométalliste argent, le change doit varier selon les cours des deux métaux sur le marché du monde. La piastre mexicaine qui était cotée à plus de 4 shillings lorsque le rapport de l'or à l'argent était de 1 à 15,50 ne vaut environ que 2 shillings lorsque ce rapport est de 1 à 30. Un débiteur anglais qui a une dette à payer à Mexico ne consentira à payer en livres sterling, c'est-à-dire en or, qu'une somme équivalente au prix de l'argent contenu dans la monnaie qu'il doit fournir pour solder sa dette. Inversement, un débiteur mexicain qui a des paiements à faire à Londres devra fournir des piastres mexicaines jusqu'à concurrence d'un poids d'argent tel que la contre-valeur en or sur le marché libre des métaux précieux puisse servir à fondre autant de livres sterling que ce débiteur mexicain doit en fournir à son créancier anglais.

S'il s'agit des rapports d'un pays bimétalliste avec un pays monométalliste, c'est le métal de ce dernier qui réglera les mouvements du change.

Les changes entre pays à étalon métallique et pays à étalon de papier sont soumis à toutes les variations de valeur du billet de banque.

Examinons la situation dans laquelle se trouvent les différents pays du monde par rapport à la France. Nous parcourrons successivement l'Europe, l'Asie, l'Amérique du Nord, l'Amérique du Sud et l'Océanie, et nous trouverons dans chaque cas particulier l'application invariable des règles déterminées ci-dessus.

Il est inutile de revenir sur la situation réciproque de la France et de l'Angleterre, puisqu'elle nous a servi d'exemple. En fait, les Français trouvent dans la circulation et dans les réserves de la Banque de France la quantité d'or dont ils ont besoin pour niveler leurs comptes avec l'Angleterre. D'autre part les Anglais, réglant leurs transactions intérieures au moyen de ce métal, sont également certains de pouvoir nous envoyer des lingots jaunes lorsqu'ils sont nos débiteurs. Aussi l'expérience nous confirme-t-elle qu'en temps normal les limites du change de Paris sur Londres ne s'écartent pas des bornes théoriques que le raisonnement leur assigne. Si à de certaines époques, notamment après la guerre de 1870, au moment du paiement de l'indemnité des cinq milliards, le prix de la livre sterling à Paris a notablement dépassé 25 fr. 32, c'est que précisément il n'y avait pas assez d'or en France pour exporter ce qui était nécessaire au paiement de notre dette vis-à-vis de l'étranger. Inversement, si une catastrophe éclatant de l'autre côté de la Manche amenait la Banque d'Angleterre à suspendre le remboursement de ses billets en or, le prix de la livre sterling pourrait tomber bien au-dessous de 25 fr. 12, parce qu'alors les Anglais débiteurs de la France, ne trouvant plus de pièces d'or à lui expédier, seraient obligés de se contenter de 25 francs, de 24 fr. 50, de 24 francs ou d'une somme quelconque, proportionnée à l'offre et à la demande, en échange de leurs billets de livres sterling ayant cessé d'être remboursables en or.

Nos rapports avec l'Allemagne, les pays scandinaves, la Hollande, la Belgique, la Suisse, la Turquie, la Roumanie, se règlent comme nos rapports avec l'Angleterre. Les nationaux de ces différents pays pouvant y trouver de l'or, les limites des variations des changes sont contenues dans des bornes étroites. Le prix du reichsmark, par exemple, ne peut s'élever beaucoup au-dessus de 1 fr. 24 ni s'abaisser sensiblement au-dessous de 1 fr. 23, pour les raisons indiquées tout à l'heure. Cette catégorie comprend à la fois des pays à étalon d'or et à étalon boiteux; mais les exemples que nous citons sont ceux des pays où l'or circule et sert en pratique au règlement des transactions internationales. Si la banque de l'empire d'Allemagne refusait de donner de l'or pour l'exportation et se prévalût du droit qu'elle a de rembourser ses billets en thalers d'argent, si d'autre part les banquiers ne trouvaient plus d'or dans la circulation, le reichsmark pourrait tomber à Paris à un cours qui correspondît à la quantité de métal contenue dans le tiers d'un thaler d'argent (un thaler = trois reichsmarks).

Au contraire, le change entre la France d'une part, la Russie, l'Autriche, l'Espagne, l'Italie, la Grèce, le Portugal, d'autre part, subit des oscillations d'une amplitude toute différente. Le rouble russe qui était tombé à 2 francs en 1888 vaut aujourd'hui 2 fr. 70, après avoir atteint le prix de 3 fr. 30 il y a trois ans. C'est que nous nous trouvons ici en présence d'un empire où le billet de banque, qui y est même billet d'État, n'est pas remboursable en métal; dès lors ce papier est soumis à une foule d'influences qui en déprécient ou en relèvent la valeur dans une mesure indéfinie, puisque le débiteur ou le créancier n'ont pas la ressource des expéditions d'espèces pour régler leurs comptes. A la minute même où le ministre des Finances de Russie déclarerait que le billet de 1 rouble est remboursable à vue par un certain poids d'or, les fluctuations seraient réduites à celles qui peuvent affecter la livre sterling sur le marché de Paris. Supposons ce poids fixé à 0 gr. 87096 d'or fin, c'est-à-dire la quantité contenue dans 3 francs d'or, nous verrons le cours du rouble sur le marché de Paris se tenir aux environs de 3 francs. Si en effet ce cours avait une tendance à s'élever, il suffirait au débiteur français, au lieu d'acheter des traites sur Russie ou des billets de la Banque de Russie, d'expédier à Saint-Pétersbourg des pièces de vingt francs en or jusqu'à concurrence du poids d'or nécessaire pour frapper, à raison de 0 gr. 87096 par rouble, le nombre de roubles dont il serait débiteur. Inversement le marché moscovite, débiteur de la France, lui enverrait un nombre de roubles d'or tel que la fonte en produisît le chiffre de francs à payer.

Mais, aussi longtemps que ce remboursement métallique n'est pas la loi, les oscillations ne peuvent être ni prévues ni calculées. Qu'une disette mette la Russie dans l'obligation d'acheter des grains à l'étranger, elle devra se procurer le métal nécessaire pour payer les pays qui lui fourniront du blé ou du seigle à n'importe quel prix; le rouble, c'est-à-dire *ce billet de banque inconvertible*, pourra tomber à 2 francs et au-dessous. Au contraire, qu'une immense récolte permette à la Russie d'exporter d'énormes quantités de céréales, les acheteurs étrangers pourront être amenés à payer le rouble, au moyen duquel ils devront solder leurs acquisitions, 3 francs, 3 fr. 50 et davantage. Toutefois le prix du rouble ne pourra pas dépasser quatre francs, aussi longtemps du moins qu'un rouble or (qui contient exactement quatre francs d'or) est échangeable contre un rouble billet [1].

1. Temporairement, si la Banque de Russie n'était pas prête

Notre situation vis-à-vis de l'Autriche avait été la même pendant longtemps, elle l'est encore, mais il convient de rappeler que le pays est occupé à refondre son système monétaire, à passer de l'étalon d'argent, ou plutôt de papier, à l'étalon d'or, et à reprendre les paiements en espèces. L'œuvre n'est pas terminée; elle se poursuit. Au moment où elle sera accomplie, le change entre l'Autriche et la France se réglera comme entre la France et l'Angleterre, à condition, bien entendu, que l'Autriche donne librement de l'or contre ses billets et n'imite pas l'Italie qui, après avoir annoncé officiellement la reprise des paiements métalliques, les a suspendus en fait.

Ceci nous amène à parler de nos voisins transalpins. On sait qu'un traité connu sous le nom d'Union latine associe la France, l'Italie, la Suisse, la Belgique et la Grèce depuis 1865. En vertu

à délivrer toute quantité de billets en échange de l'or qu'on lui apporte, à raison d'un rouble billet contre un rouble or, le change sur Russie pourrait s'élever au-dessus de 4 francs. Il est arrivé, du reste, dans plus d'un pays que les billets ont fait prime par rapport à l'or. Au Brésil, en 1889, à la veille de la chute de Dom Pedro, le change sur Londres valait 28 pence, alors que le pair est de 27 pence : bien qu'un milreis ne contint pas plus d'or que 27 pence, c'est-à-dire 27/240 d'une livre anglaise, on ne pouvait acheter à Londres un billet de banque brésilien qu'à 28 pence, c'est-à-dire moyennant une prime de près de 4 p. 100. Ce phénomène n'a, bien entendu, été que passager, puisque des envois d'or de Londres à Rio-de-Janeiro ont pu rectifier aussitôt cette cote anormale. Il en serait de même avec la Russie dans l'hypothèse ci-dessus.

de cette union, les monnaies d'or et d'argent de ces différents pays sont frappées aux mêmes poids et titre, et sont donc parfaitement identiques. Si chacun de ces pays était pourvu d'une circulation métallique complète, les billets y seraient échangés à guichets ouverts contre des espèces d'or et d'argent; et puisque ces espèces d'or et d'argent peuvent servir à des paiements de n'importe quel montant dans tout le territoire de l'Union, les changes entre ces différents pays seraient contenus dans des bornes encore plus étroites que le change entre la France et l'Angleterre. En effet, il n'y aurait lieu de tenir compte que des frais de transport; la refonte des pièces serait inutile, puisque, même à l'effigie d'un autre des États contractants, elles ont pleine force libératoire; la perte d'intérêt, vu la proximité des principaux pays, serait pour ainsi dire nulle. Un Italien devant 1 000 francs à un Français n'aurait qu'à lui expédier 50 pièces d'or de 20 francs ou 200 pièces de 5 francs en argent, à l'effigie du roi Victor-Emmanuel, pour solder sa dette. En admettant que les frais de transport et la perte d'intérêt représentent 1/4 pour 100, la valeur de 100 francs italiens en France ne s'élèverait jamais au-dessus de 100 fr. 25 et ne tomberait jamais au-dessous de 99 fr. 75, puisque au delà ou en deçà de ces limites les expéditions de métal de Paris à Rome ou de Rome à Paris pourraient servir à compenser toutes les dettes. Telle est bien la situation du change entre la France, la Belgique et la Suisse. Mais à l'heure où nous écrivons, 100 francs italiens ne valent que 85 francs français. Le lecteur en conclura aisément, même s'il ignore les faits, que les billets de banque italiens ne se remboursent plus en espèces, et il aura raison. Bien que législativement le cours forcé, supprimé en Italie depuis quelques années, n'y ait pas été rétabli, il existe en réalité. Non seulement il ne circule pas dans ce pays de monnaies d'or ni de monnaies d'argent libératoires, c'est-à-dire des pièces de 5 francs frappées à 900 millièmes de fin, mais il ne circule même plus de monnaies divisionnaires d'argent frappées à 835 millièmes de fin, lesquelles d'ailleurs ne peuvent servir qu'à des paiements d'un montant inférieur à 50 francs. Par conséquent l'Italie se trouve dans la situation d'un pays à monnaie de papier; ses billets de banque n'étant pas remboursables sont susceptibles de varier à l'infini. Nul ne peut prévoir quelles en seront les fluctuations ultérieures.

La situation de l'Espagne est analogue, avec cette différence que la circulation de monnaies d'argent est encore abondante dans la péninsule ibérique. Le système monétaire espagnol est le système bimétallique français, sauf que le gouvernement de Madrid ne s'est pas interdit à lui-même la frappe de monnaies d'argent. L'histoire

nous démontre ici une fois de plus l'exactitude
de la théorie. Aussi longtemps que l'Espagne a
eu assez d'or pour solder ses dettes vis-à-vis de
nous, le change entre Madrid et Paris n'a pas
varié sensiblement. Du jour où elle n'a plus eu
cette ressource à sa disposition, son change
a baissé. Il est aujourd'hui à 23 pour 100. Ce
cours est supérieur à celui qu'indiquerait la
parité de l'argent; 123 francs espagnols peuvent
encore acheter 100 francs français, bien que pour
constituer la contre-valeur en argent, au cours
de 32 pence l'once standard, c'est-à-dire 29 poids
d'argent pour un d'or, de la quantité d'or contenue dans 100 francs français, il faille environ
186 francs en pièces de 5 francs espagnoles. Mais
l'Espagne a encore de l'or. La Banque d'Espagne,
contre une circulation croissante il est vrai,
puisqu'elle atteint au bilan du 5 mai 1894 le
chiffre de 935 millions de billets, possède une
encaisse métallique d'environ 200 millions d'or,
outre 178 millions d'argent.

Au Portugal, la situation de la Banque d'émission est beaucoup plus faible que celle de sa
voisine : contre 51 millions de milreis [1] de billets, elle n'avait en caisse, le 27 décembre 1893,
que 2 millions et demi d'or et 5 millions et
demi d'argent. L'étalon d'or établi par la loi du
29 juillet 1854 a depuis longtemps fait place au

1. Le milreis portugais en or vaut 5 fr. 60; le milreis
papier est tombé, aujourd'hui, à 4 fr. 25 environ.

papier-monnaie. Il doit cependant exister dans le pays des réserves d'or assez importantes, dont la présence explique que la dépréciation du change ne dépasse pas à l'heure actuelle 25 pour 100. En outre le Portugal a diminué beaucoup ses importations et allégé arbitrairement ses dettes à l'étranger, en réduisant des deux tiers le coupon de sa rente extérieure. De ce chef il a donc des besoins moindres de remises à faire au dehors.

La Grèce, qui vient de recourir à une mesure semblable, avec cette aggravation qu'elle fait supporter le sacrifice uniquement à ses créanciers étrangers et continue à payer intégralement le coupon aux porteurs de rente intérieure [1], voit son change tomber à 167 pour 100. Quoiqu'elle fasse partie de l'Union latine, ses nationaux ne peuvent se procurer 100 francs français qu'en déboursant 167 francs grecs.

La Serbie a un régime bimétallique remarquable, qui contient peut-être le germe de la solution future du problème des métaux précieux. Elle a des monnaies d'or et d'argent, des billets de banque remboursables, les uns en or, les autres en argent, en sorte que les engagements pris dans ce pays doivent non seulement spécifier la quantité, mais la nature des monnaies stipulées. La Bulgarie a une circulation

---

1. Il est vrai que ses créanciers intérieurs sont principalement les Banques d'émission qui lui avaient fait des avances.

importante de monnaies d'argent, et a émis une
petite quantité de billets de banque remboursables en or.

Si de l'Europe nous tournons nos regards
vers l'Asie, nous trouvons que, dans l'étendue
des possessions russes, la situation est la même
que pour la Russie d'Europe. L'Inde anglaise
était jusqu'en 1893 sous le régime du monomé·
tallisme argent pur; la frappe de l'argent y était
libre; la roupie, monnaie d'argent, avait seule
force libératoire. Le change entre l'Inde et la
France, c'est-à-dire les pays à étalon d'or, ou
assimilés à ceux à étalon d'or, se réglait sur le
cours de l'argent. Lorsque le rapport de valeur
de l'or à l'argent était à 15 et demi, la roupie,
qui contient 10 gr. 691 d'argent fin, valait
environ 2 fr. 40. A l'époque où le prix de l'argent s'était élevé au-dessus de ce rapport, la
roupie a valu jusqu'à 2 fr. 70. Elle était l'an
dernier tombée à 1 fr. 35, et aurait continué à
suivre exclusivement les fluctuations de l'argent,
si la loi Herschell n'était venue modifier l'antique
régime monétaire du pays. Depuis le mois de
juin 1893, la libre frappe de l'argent n'est plus
permise aux particuliers dans l'Inde; les roupies, antérieurement frappées, continuent à
circuler avec force libératoire. D'autre part,
pour éviter dans l'avenir une hausse de la
roupie, le gouvernement s'est engagé à recevoir
à toutes ses caisses une livre stèrling comme

équivalant à 15 roupies et à délivrer en tout temps 15 roupies d'argent contre une livre sterling en or. Il a pu prendre cet engagement puisqu'il s'est réservé le droit de frapper à son gré des monnaies d'argent. Il y a eu ici intervention du législateur pour créer *a posteriori* une situation analogue à celle des pays à étalon boiteux, avec cette différence que le rapport décrété de l'or à l'argent n'est pas de 1 à 15 et demi, mais d'environ 1 à 22 [1]. C'est une mesure dont le but a été d'essayer de fixer le cours de la roupie, et de le rendre indépendant des fluctuations du métal. En effet, le monnayage de l'argent n'étant plus libre aux Indes, l'Européen qui a une remise à y faire ne peut plus se borner à y envoyer un lingot qui y serait transformé en roupies. Celles-ci sont en nombre limité, elles constituent une monnaie privilégiée dont le prix ne dépend plus seulement de la valeur intrinsèque du métal qui la constitue, mais du fait qu'elle a force libératoire. Bien des

1. La roupie contient 10 gr. 691 d'argent fin, c'est-à-dire que 15 roupies en contiennent 160 gr. 36. Or la loi Herschell déclare que 15 roupies équivaudront à une livre sterling. Celle-ci contient 7,324 d'or fin. La proportion fixée est donc $\frac{7,324}{160,36} = \frac{1}{21,89}$, tandis que, au cours de 32 pence, la proportion vraie est $\frac{7,324}{215,76} = \frac{1}{29,45}$. Si 32 pence achètent une once standard, c'est-à-dire 31 gr. 1 d'argent à 925 millièmes de fin, soit 28 gr. 77 d'argent fin, la livre sterling qui contient 240 pence achètera $\frac{240 \times 28,77}{33}$, soit 215 gr. 76 d'argent.

difficultés naissent à propos de cette loi, qui a plutôt le caractère d'un expédient transitoire et qui est déjà attaquée de divers côtés. Les Indiens accepteront-ils ce nouveau régime? il paraîtrait qu'ils commencent à imiter les Chinois et à régler leurs transactions au moyen de lingots d'argent, au lieu de disques frappés. Le change avec Londres est descendu aux environs de 12 pence, c'est-à-dire à 25 pour 100 au-dessous de la parité théorique de 16 pence, qui serait le cours du change si on pouvait obtenir librement une livre sterling d'or en échange de 15 roupies, comme on a droit à 15 roupies contre une livre sterling. Nous faisons nos calculs en monnaie anglaise, puisque le change indien ne se cote pas directement en France, mais les fluctuations y seront identiques.

La Chine est au régime du monométallisme argent le plus pur. Jusque dans ces derniers temps elle n'avait pas de monnaie libératoire frappée, et la plupart des transactions s'y règlent encore au moyen de lingots d'argent. La question de la monnaie et celle du change se trouvent ramenées dans ce vaste empire à leur plus simple expression. Puisque les dettes peuvent s'y acquitter et s'y acquittent au moyen d'un certain poids d'argent, le change entre la Chine et l'Europe se réglera sur le cours du métal argent. Dans les ports du littoral, les négociants acceptent les piastres mexicaines et autres, mais seulement à raison de leur teneur en argent fin. Tout récemment la Chine a commencé à frapper des pièces dites du « dragon » : mais elles ne jouent pas dans la circulation d'autre rôle que celui de lingot certifié [1].

Le Japon, après avoir pratiqué pendant quelque temps le bimétallisme, est revenu en fait au monométallisme argent, tout en ayant conservé dans sa circulation les yens d'or qu'il avait frappés à un moment dans le rapport de 1 à 16, 17 concurremment avec les yens d'argent. La valeur des monnaies d'or est aujourd'hui variable par rapport à celle des monnaies d'argent. C'est sur le cours de ce dernier métal que se règle le change japonais.

Il en est de même pour nos possessions françaises d'Extrême-Orient, où la piastre d'argent, qui pèse 27 gr. 215 et se frappe à 900 millièmes

---

1. Il se passe en Chine un fait singulier. Les Chinois se préoccupent de la baisse constante de l'argent, au point de chercher à éviter l'emploi du métal dans leurs transactions. Les lettrés qui partent en voyage, au lieu de se munir comme autrefois de lingots, emportent un ballot de marchandises qu'ils revendent, ou plutôt échangent au fur et à mesure de leurs besoins. On en revient au troc primitif. C'est ainsi que sous la première République, au temps de l'avilissement foudroyant des assignats, les dames élégantes emplissaient leurs salons de pains de sucre achetés en prévision d'une baisse ultérieure du papier-monnaie. La marchandise, au bout de quelques semaines, se revendait contre une quantité double ou triple de billets dépréciés. La marchandise gardant, dans un aussi court espace de temps, une valeur à peu près stable, permettait à l'acheteur de se garer, dans une certaine mesure, des effets funestes de la chute de l'assignat.

de fin, constitue l'unité monétaire. A Siam, à Singapore, l'argent sert d'étalon et par conséquent de régulateur du change. La Perse a l'étalon d'argent, après avoir connu le bimétallisme. Le Turkestan et l'Afghanistan, l'étalon d'or. Mais le premier de ces deux pays se sert de plus en plus du rouble-papier russe.

Si de l'Asie nous passons à l'Amérique, nous voyons que le change entre la France et les États-Unis s'est constamment réglé en or, c'est-à-dire que les fluctuations du métal argent n'ont eu sur la cote aucune influence. La grande République d'outre-mer se trouve dans une situation analogue à la nôtre, en ce sens qu'elle a un stock, limité depuis le rappel du Sherman-bill en octobre 1893, de monnaies d'argent à force libératoire, mais qu'elle possède la quantité d'or nécessaire au règlement de ses transactions internationales. Depuis nombre d'années, des expéditions fréquentes de métal jaune ont eu lieu entre le Havre et New-York, tantôt dans un sens, tantôt dans l'autre. La cote à Paris du dollar américain s'est toujours tenue aux environs du pair intrinsèque, soit à 5 fr. 1813. Un dollar contient en effet 1 gr. 50 462 d'or fin, c'est-à-dire la quantité qui correspond à 5 fr. 1813.

Le Canada a l'étalon d'or et compte en dollars. Le souverain anglais y est monnaie légale à raison de 4 dollars, 86 2/3. Le change est contenu dans les limites connues.

Dans l'Amérique du Sud nous trouvons des pays à étalon d'argent ou à étalon de papier. Pour ne mentionner que les principaux, nous rappellerons que le change du Pérou, de la Bolivie, de l'Équateur, se règle sur le cours de l'argent. La Colombie et les petites Républiques de l'Amérique centrale, Guatemala, Honduras, San-Salvador, Costarica, Nicaragua, ont nominalement l'étalon d'argent, mais en fait ne connaissent guère que le papier. Le Chili, la République Argentine, le Brésil, sont au régime du papier-monnaie. Nous avons eu occasion plus haut de mentionner le milreis brésilien qui, en or, vaut 2 fr. 85 environ et qui, sous forme de billet de banque, est aujourd'hui tombé aux environs de 1 franc. La piastre argentine, dont le pair métallique était 5 francs, vaut aujourd'hui (la cote étant à Buenos-Ayres 240 pour 100 de prime sur l'or, c'est-à-dire 340 francs papier = 100 francs or) 1 fr. 47 environ. La piastre chilienne, qui en argent est identique à notre pièce de cinq francs (25 grammes d'argent à neuf dixièmes de fin), vaut, sous forme de billet, 1 fr. 30, malgré la loi de novembre 1802 qui a ordonné la reprise des paiements en or pour le 1er juillet 1896, à raison de 2 fr. 50 espèces par piastre papier.

L'île de Cuba a supprimé le cours forcé des billets, et vit sous le régime de la monnaie métallique. Son change avec la France perd toutefois de 4 à 6 pour 100, c'est-à-dire beaucoup moins que le change espagnol, parce qu'il circule une grande quantité d'or à la Havane.

La question du change avec l'Océanie se réduit en pratique à celle de l'Australie et des Indes hollandaises. Celles-ci sont au régime de leur mère-patrie, tandis que l'Australie, au double titre de colonie anglaise et de pays producteur du métal, est au régime de l'étalon d'or. Chez elle la livre sterling d'or a seule force libératoire; le change avec la France se règle donc comme celui de l'Angleterre, avec la différence des frais de transports et de la perte d'intérêt, plus considérables naturellement entre Paris et Sydney ou Melbourne qu'entre Paris et Londres.

En Afrique, l'Algérie, ne faisant qu'un avec la mère-patrie au point de vue monétaire comme au point de vue administratif et politique, se sert couramment de nos monnaies. Elle a cependant un billet de banque spécial, celui de la Banque de l'Algérie. Le change entre la France et l'Algérie se règle en partie, grâce à l'intervention du Trésor public qui fournit des traites d'un pays sur l'autre, moyennant une faible commission. Dès lors les Algériens peuvent toujours acquitter leurs dettes vis-à-vis de la métropole en achetant ces traites qu'ils paient en espèces ou en billets de la Banque de l'Algérie, franc pour franc. Les Français de France, débiteurs de l'Algérie, peuvent acheter des traites semblables en France, ou bien expédier des espèces monnayées françaises qui ont cours légal en Algérie, où les indigènes recherchent particulièrement le numéraire argent. Nos autres colonies ont également notre système monétaire, sauf nos possessions asiatiques dont nous avons parlé tout à l'heure.

La Tunisie, au contraire, est sous le régime de l'étalon d'or, ainsi que l'Égypte, le Cap, les autres possessions anglaises d'Afrique et la République indépendante du Transvaal. L'Égypte se sert presque exclusivement de monnaies étrangères tarifées. Le Maroc a l'étalon d'argent. Mais, comme la circulation y est en partie composée de pièces espagnoles, en dehors des monnaies qu'il a fait frapper à Paris, le change marocain suit les mouvements du change espagnol. L'île Maurice et Zanzibar comptent en roupies indiennes.

Il est inutile d'entrer dans plus de détails. Le but de ces divers exemples n'était que de montrer l'application universelle des principes posés plus haut. Or, argent et papier, mis en présence les uns des autres, se comporteront toujours de même : une monnaie en métal, semblable à une autre, ne variera jamais que d'une fraction peu importante par rapport à celle-ci; une monnaie d'or variera par rapport à une monnaie d'argent étrangère dans la mesure des mouvements de la cote des deux métaux, à condition bien entendu que la frappe de celle-ci soit libre; enfin le papier mesuré en métal baissera ou montera sans qu'aucun raisonnement *a priori* puisse tracer à l'avance la courbe de cette fluctuation.

CHAPITRE XIII

INFLUENCE DE LA BAISSE DU CHANGE SUR L'AGRI-
CULTURE, LE COMMERCE ET L'INDUSTRIE

Il nous reste à traiter un dernier point qui préoccupe à juste titre nos hommes d'État et nos économistes, et qui mérite d'être discuté à fond. C'est
l'influence du change sur les rapports commerciaux et par suite sur l'industrie et l'agriculture
des divers pays. Il s'agit du phénomène bizarre
en vertu duquel la détérioration du change constitue une protection temporaire pour celui qui
en est victime. Un exemple fera saisir ce que
nous voulons dire.

Le change entre la France et l'Espagne est
aujourd'hui d'environ 25 pour 100, c'est-à-dire
que 100 francs espagnols, 100 piécettes, ne
valent que 80 francs français, ou, ce qui revient
au même, 100 francs français valent 125 piécettes espagnoles. Il en résulte qu'un viticul-

teur espagnol, vendant son hectolitre de vin
10 francs en France, reçoit en retour 12 piécettes
et demie de monnaie espagnole. Il y a quelques
années les 10 francs français ne lui représentaient à peu près que 10 piécettes. De même le
planteur brésilien qui vend son sac de café en
France 100 francs, reçoit, contre ces 100 francs,
100 milreis, alors qu'en 1889 la contre-valeur
de 100 francs était environ 35 milreis. Inversement, le négociant français qui vend pour
10 pesetas de marchandises en Espagne ne
touche que 8 francs au lieu de 10; celui qui
vend pour 35 milreis au Brésil ne touche que
35 francs au lieu de 100. Il en résulte qu'afin
d'obtenir en monnaie française pour les mêmes
articles, les mêmes sommes qu'autrefois, nos
industriels sont forcés de les vendre à des prix
majorés en monnaie du pays étranger de 25 à
200 pour 100 ou davantage. Un pareil renchérissement ne peut manquer de provoquer une diminution considérable de l'exportation; par voie de
conséquence, il tend à favoriser la création, à
l'intérieur même des frontières du peuple jadis
importateur, des manufactures qui le mettront
en mesure de produire les objets qu'il demandait auparavant à l'étranger. Le double résultat
sera donc de nuire à ce dernier, en ralentissant
ou en supprimant ses exportations, et de for-
tifier le pays à change avarié. Voilà un paradoxe
économique des plus étranges en apparence!

Ceux qui comme nous ne cessent de réclamer une sévérité implacable dans le régime monétaire doivent regarder en face et discuter à fond le problème, sans essayer de mettre dans l'ombre aucune de ses difficultés.

Si l'on se bornait à l'observation superficielle des faits que nous venons d'exposer dans toute leur sincérité, on serait tenté de conclure que l'idéal d'un pays doit être d'avoir le change le plus déprécié, c'est-à-dire la plus mauvaise monnaie possible. Il s'assurerait ainsi un minimum d'importation, un maximum d'exportation et un développement intense de son industrie nationale, ou même de son agriculture, puisque notre raisonnement s'applique aux produits du sol comme aux objets fabriqués. Nous ne nous contenterons pas de répondre que le simple bon sens indique qu'il ne saurait en être ainsi, que chaque homme a le sentiment qu'une monnaie doit avoir sa pleine valeur et, par conséquent, un cours stable, que les pays à cours forcé ou à étalon déprécié s'efforcent, dès que leur état intérieur et la politique générale le leur permettent, de revenir aux paiements en espèces, de se rapprocher aujourd'hui du monométallisme or, au moins pour les transactions internationales, et de réduire le chiffre de leurs billets. Tout cela est parfaitement exact. Mais il convient d'expliquer pourquoi il en est ainsi.

Remontons à la source même du phénomène.

A quel prix un pays obtient-il cette dépréciation de son change, qui est aujourd'hui de 25 pour 100 en Espagne, de 200 pour 100 au Brésil? C'est en avilissant sa propre unité monétaire, en multipliant les signes métalliques dépréciés, tels que les monnaies divisionnaires d'argent, et surtout les billets de banque. L'instabilité des relations commerciales est un premier résultat de cette politique, plus nuisible encore aux Espagnols et aux Brésiliens qu'aux Français et aux Anglais qui trafiquent avec eux. Un pays n'arrive pas tout d'un coup à modifier ses habitudes, ni ses rapports avec l'étranger. Les Espagnols et les Brésiliens se servent d'une foule de nos produits, aussi bien que nous avons besoin de leurs vins, de leurs minerais et de leur café. Ils devront donc commencer par débourser beaucoup plus de leur monnaie pour nous fournir la même quantité de la nôtre en échange de nos exportations. De plus ils ont contracté des dettes extérieures, c'est-à-dire qu'ils nous ont vendu des titres de rente, en vertu desquels ils nous doivent, pour les intérêts et le capital, une somme fixe, *en notre monnaie* : le fardeau annuel des remises à nous faire pour le service de cette dette croît en raison même de la baisse du change. Alors que la peseta était au pair, l'Espagne, en supposant que deux milliards de sa dette 4 pour 100 fussent alors en France, n'avait à payer que 80 millions de pesetas pour acquérir les 80 millions de francs nécessaires au service annuel de cette dette. Aujourd'hui cette somme atteint 100 millions de pesetas, elle pourra être demain de 125 millions. Le Brésil, qui déboursait 40 millions de milreis pour un service analogue, y consacre 100 millions de milreis, qui ne s'échangent que contre une même quantité de francs. Il aura beau retirer de la vente de ses cafés 100 millions de milreis, là où il n'en retirait que 40 autrefois : ce bénéfice sera absorbé par le sacrifice nécessaire à l'accomplissement des engagements contractés au dehors et aussi à l'achat des marchandises étrangères dont le pays ne saurait se passer.

Il ne faut pas croire non plus que la valeur de cette monnaie dépréciée par rapport aux monnaies étrangères continue de rester indéfiniment la même à l'intérieur du pays. Le pouvoir d'achat de cette monnaie ne diminue pas seulement vis-à-vis des autres monnaies; il diminue par rapport aux objets qui se produisent et se vendent en deçà des frontières; il diminue par rapport à la marchandise essentielle, le travail de l'homme. Il ne s'écoule pas un nombre d'années bien considérable avant que les salaires ressentent le contre-coup de la multiplication des billets de banque ou d'État. Toutefois cette dernière évolution est plus lente à se produire que les autres; et c'est cette lenteur qui a souvent obscurci les discussions. Le prix du travail humain est, en vertu des traditions, des habitudes prises et de mille autres motifs, plus long à se modifier que celui des denrées. Mais il n'en suit pas moins le mouvement de celles-ci. L'ouvrier brésilien, obligé de débourser plus de milreis pour payer ses impôts, pour acheter sa nourriture et ses vêtements, exigera un salaire plus élevé. Car l'augmentation du volume de la circulation n'aura pas manqué de produire l'effet inévitable, qui est de renchérir la vie. Nous avons cité en passant l'exemple des assignats de la première République : il démontre de la façon la plus claire, par l'absurde en quelque sorte, la marche que suivent les prix lorsque le volume de la monnaie est indéfiniment accru. Ce qui a éclaté alors à tous les yeux, avec une brutalité et une rapidité dont l'histoire nous a conservé le souvenir, se produira toutes les fois qu'un papier inconvertible sera inconsidérément multiplié : mais l'effet sera d'autant plus lent à se manifester que l'augmentation sera plus modérée. En Espagne, où le chiffre des billets de la Banque au 23 décembre 1893 était de 915 millions contre une encaisse or et argent de 370 millions, et où la perte au change n'était à ce moment que de 23 pour 100, le taux des salaires n'a pas encore sensiblement varié. Il en résulte que, pour un certain temps peut-être, les manufacturiers espagnols continueront à ne payer que les salaires antérieurs à leurs ouvriers.

Mais les matières premières qu'ils ont à faire venir du dehors leur reviendront à un prix majoré de toute la différence du change. Ils ne seront protégés contre leurs concurrents étrangers que sous le rapport des salaires et des matières premières qu'ils peuvent se procurer à l'intérieur de leurs frontières. Les agriculteurs sont donc les plus favorisés, puisque, sauf peut-être les engrais chimiques, ils n'importent aucun des éléments de leur production.

Par contre, au Chili, pays tout en côtes, dont les communications avec l'étranger sont fréquentes, les fluctuations du change ont un contre-coup immédiat sur les prix à l'intérieur. Le blé, les terres, les salaires ont monté presque exactement dans la proportion où la valeur de la piastre chilienne exprimée en livres sterling s'est abaissée. Ici la détérioration du change n'a même pas procuré aux Chiliens l'avantage temporaire et fragile que d'autres peuples ont connu. Aussi ne sommes-nous nullement surpris de voir le Ministre des finances, d'accord avec le parlement de ce pays, faire tous ses efforts pour revenir à l'étalon métallique. D'après la loi qui ordonne pour 1896 la reprise des paiements en espèces, la piastre aura une valeur d'environ 2 fr. 50 en or, exactement 24 pence, soit le dixième d'une livre anglaise : tel est le poids d'or que le Chili promet de délivrer alors en échange de la piastre-papier.

Une généralisation immédiate est difficile, puisque les phénomènes ne suivent pas partout la même marche. Aussi comprend-on que les partisans des opinions opposées aient des faits en apparence contradictoires au service de leur argumentation. En tout cas les protectionnistes trouvent là des armes inattendues, et ce n'est pas un des résultats les moins surprenants du papier-monnaie que d'aider à battre en brèche le libre-échange, dont le change devient ainsi, selon l'expression hardie de M. Alphonse Allard, le *fossoyeur*.

Nous n'entrerons pas dans la discussion de savoir si c'est un mal ou un bien pour les pays étrangers de pouvoir se procurer à meilleur compte les objets d'alimentation produits dans les pays à change avarié. Nous serions entraîné beaucoup trop loin de notre sujet, dans la mêlée acharnée des protectionnistes agricoles et des défenseurs de la vie à bon marché. Mais nous examinerons cette situation dans ses rapports avec notre régime douanier. Nous protégeons aujourd'hui un grand nombre de nos industries, ainsi que notre viticulture et notre agriculture, par des droits qui frappent les céréales et les vins étrangers. L'hectolitre de vin espagnol, à son entrée en France, paiera par exemple, selon son degré alcoolique, 7 francs de droits. En supposant qu'il coûte en Espagne 20 pesetas et que le vigneron français en pût fournir l'équivalent à 20 francs, le vigneron s'était dit qu'un droit de 7 francs, qui réduirait à 13 francs l'encaissement du vigneron espagnol, le protégerait suffisamment. Mais il n'avait pas prévu que par la variation du change les 13 francs français deviendraient équivalents à 16 1/4 pesetas espagnoles : si bien que le producteur espagnol encaisse aujourd'hui presque autant de sa monnaie nationale qu'il en recevait avant le relèvement des droits français. Un raisonnement analogue expliquerait comment le cultivateur indien reçoit pour son hectolitre de blé autant ou plus de roupies indiennes qu'avant l'établissement de notre droit de 7 francs par quintal, grâce à la baisse de la roupie qui fait que 100 francs français équivalent à 80 roupies, au lieu de 40 qu'ils représentaient avant la baisse du métal argent.

On a proposé comme remède un tarif mobile qui viendrait s'ajouter aux tarifs de douane minimum ou maximum qui régissent nos rapports commerciaux avec l'étranger : le tarif mobile ne fonctionnerait que vis-à-vis des pays à change déprécié et varierait selon les fluctuations de ce change. L'idée n'est pas susceptible d'une application pratique. Il est impossible de concevoir un régime commercial soumis à une instabilité chronique. Ce tarif mobile, pour être équitable, devrait être incessamment modifié ; au lendemain du jour où il aurait été remanié selon la cote actuelle du change, il devrait l'être de nouveau, parce que cette cote aurait varié. Il influencerait lui-même cette cote, de laquelle il devrait dépendre ; il se produirait ainsi des effets d'action et de réaction incessantes, au milieu desquels le directeur général des douanes le plus expert ne tarderait pas à se sentir complètement désorienté. Il devrait chaque matin, à son réveil, consulter le baromètre du change. Il faut écarter ce système, et avouer que ce facteur spécial ne peut pas être mathématiquement évalué. Il le peut d'autant moins que, nous le répétons, il n'est que temporaire. Une étude patiente et attentive de ce qui se passe dans les pays dont le change se détériore prouvera que les prix finissent par y monter, si le change ne s'améliore pas.

Jusqu'ici l'argument n'a été invoqué en France que pour le blé et le vin. M. Méline disait à la fin de janvier 1894, dans une réunion de la commission des douanes, occupée à élever de deux cinquièmes le droit de 5 francs par quintal qui frappait depuis 1887 les blés étrangers : « Votre attention devra surtout se porter sur deux facteurs nouveaux qui exercent aujourd'hui une si fâcheuse influence : les bouleversements du change et cette redoutable crise monétaire qui avilit de plus en plus la valeur de tous les produits et qui est la principale cause du malaise général ». M. Lacombe répétait après lui que l'avilissement du prix de blé, tombé à 15 francs

l'hectolitre, est dû à trois causes : « l'exagéra-
tion de l'importation, la spéculation qui fausse
les cours, la différence des valeurs métalliques dans les pays d'origine ». L'importation
nous paraît déjà réfrénée par un droit de
50 pour 100; la spéculation se nuit à elle-même
plus qu'aux producteurs ou aux consommateurs
en exagérant ses achats. Quant au change, nous
considérons qu'il n'entre presque pour rien dans
l'abaissement du prix du blé. Le peu de froment
que nous importons dans une année ordinaire
nous vient en partie des États-Unis de l'Amérique du Nord, pays à étalon d'or, et dont le
change avec la France ne varie que de fractions
infinitésimales. Il nous en arrive aussi d'Australie, de Roumanie, pays à étalon d'or, et dont
le change est à peu près aussi stable que le
change américain. Nous en achetons enfin en
Russie, pays à change déprécié qui a fourni en
1893 le tiers de notre importation. Si la théorie
qui impute la chute des prix à l'avilissement du
change était exacte, la baisse du blé sur notre
marché devrait coïncider avec la baisse du
change russe. Or, que nous indiquent les statistiques? En 1888, année où le rouble était
coté à Paris aux environs de 2 francs, le quintal
de blé sur le marché de Paris valait 23 francs.
Aujourd'hui le rouble est remonté à 2 fr. 75 et
le même quintal de blé est tombé à 18 francs.
Sans parler de l'importance de la récolte dans

le monde, facteur essentiel en cette matière, l'énorme abaissement des frêts a beaucoup plus pesé sur les cours des céréales que les fluctuations des changes.

De même la production du vin a augmenté dans le monde entier. Une foule de pays qui ne connaissaient pas cette culture s'y sont adonnés avec passion. En France, le département de l'Hérault a reconstitué avec une énergie admirable les vignobles détruits par le phylloxera et ramené le chiffre de la vendange indigène à une hauteur inconnue depuis longtemps. En outre, l'année dernière a été exceptionnelle, et l'abondance de la récolte, évaluée à 50 millions d'hectolitres, jointe au fait que les acheteurs ont quelque inquiétude sur la possibilité de garder longtemps en cave les crus de 1893, avilit les prix et rend la demande inférieure à l'offre. Les importations de vins espagnols ne représentent qu'une fraction minime du stock qui est sur le marché. On assure même que le faible degré alcoolique de beaucoup de nos vins rend cette importation nécessaire dans une certaine mesure.

Tout en constatant la réalité de la crise que traversent les producteurs français de blé et de vin, nous nions qu'elle soit due à la concurrence exclusive des produits similaires venus de pays à monnaie dépréciée. S'il en était ainsi, l'avoine russe devrait faire baisser en France la cote de cette céréale. Or le quintal d'avoine est aujour-

d'hui coté à Paris 22 francs, c'est-à-dire le
double de son prix d'il y a deux ans. Le facteur
déterminant a donc été la récolte elle-même et
non pas la concurrence étrangère, ni à plus
forte raison les oscillations du change. D'ailleurs
croit-on que les acheteurs et les vendeurs igno-
rent les bouleversements produits par ces dernières? Le négociant français sait fort bien
qu'en payant 10 francs au viticulteur ou à l'en-
trepositaire espagnol, il lui fournit la contre-
valeur d'une somme de pesetas supérieure à
celle que représentait le même nombre de
francs il y a un an. La concurrence aidant, les
vendeurs seront contraints d'abaisser leur prix ;
et c'est le consommateur français qui en fin de
compte devra profiter de cette plus-value de sa
propre monnaie comparée à la monnaie étrangère.

CHAPITRE XIV

RÉSUMÉ. LOIS INVARIABLES.

En résumé, le change n'intervient comme facteur troublant dans les relations économiques que là où la monnaie est dépréciée. Puisqu'il n'est en dernière analyse que l'échange des monnaies les unes contre les autres, ses variations sont ramenées à leur amplitude minimum lorsque les monnaies sont identiques dans leur constitution, c'est-à-dire lorsqu'il s'agit de comparer un certain poids et un certain titre d'un métal donné à un poids et à un titre du même métal. Dans ce cas le change n'altérera point d'une façon essentielle la situation respective de deux pays en présence : que la livre sterling soit cotée à Paris 25 fr. 10 ou 25 fr. 30, les conditions de concurrence entre les industriels français et les industriels anglais ne s'en trouvent guère modifiées. L'oscillation est beaucoup plus considérable lorsque l'or est mis en présence de l'argent : mais ici aussi une limite peut être assignée, celle même du prix de l'un des métaux exprimé en fonction de l'autre. Tant que l'argent ne sera pas coté à Londres moins de 32 pence par once standard, le prix de la piastre mexicaine sur la place de Londres ne pourra tomber beaucoup au-dessous de 25 pence, puisqu'elle contient une quantité d'argent fin qui correspond à 25 pence au cours de 32 pence l'once. Dans le troisième cas, celui du change entre un pays à monnaie métallique et un pays à cours forcé, ou bien entre deux pays à cours forcé, aucune limite ne peut en théorie être assignée à l'étendue des variations : nous ne sommes plus en présence ni de la borne très étroite qui résulte dans le premier cas de la possibilité d'expédier des espèces, ni de celle plus large déjà, mais définie cependant, que fixe dans le second la vente d'une certaine quantité de l'un des deux métaux n'ayant pas force libératoire dans le pays créancier. Lorsque nous sommes en face d'un papier-monnaie non convertible en espèces, aucune prévision raisonnable ne peut être formulée. Le change chilien est à 400 pour 100, le change argentin à 340 pour 100, le change brésilien à 300 pour 100, sans qu'il nous soit possible de dire si d'ici à un an ces cotes resteront stationnaires, tomberont ou monteront de moitié, du tiers, du quart ou du double. Nous pouvons étudier les motifs de hausse ou de baisse, penser qu'une diminution dans le chiffre des billets de banque améliorera la cote, qu'une augmentation de ce chiffre l'empirera : mais, aussi longtemps que le milreis brésilien, les piastres argentine ou chilienne ne seront pas un poids certain d'un métal précieux, nous devons affirmer que les changes de ces pays seront exposés aux fluctuations les plus diverses et les plus violentes.

En admettant même que la baisse du change puisse temporairement être de quelque secours aux industriels ou aux agriculteurs de ces pays, cet avantage n'est rien en comparaison des maux incalculables que cause l'incertitude monétaire. Pour avoir le droit de dire que cette baisse soit un bonheur public, il faudrait tout d'abord prouver que la suppression de toute importation est l'idéal suprême d'un pays, et que la France et l'Angleterre, les deux nations du monde qui importent le plus de produits étrangers, sont les plus malheureuses de toutes. Il serait nécessaire, en second lieu, d'assurer à chaque peuple un domaine sur lequel il puisse produire, sinon la totalité des divers fruits de la terre, du moins ceux qui sont essentiels à sa vie, telle que l'ont faite les progrès de la civilisation. Il faudrait enfin démontrer qu'une nation peut et doit s'entourer d'une muraille de Chine, de façon à rendre son existence complètement indépendante de celle des autres et à soustraire les prix de chaque chose, à l'intérieur de cette muraille, à toute influence du prix des objets similaires dans les autres communautés humaines. A ce moment, en effet, les fluctuations du change perdraient toute importance puisque tout rapport avec le dehors aurait cessé. *Il n'y aurait plus de change.* La monnaie pouvant être ce qu'on voudrait, le gouvernement devrait se borner à veiller à ce que le volume en restât constant, parce que toute contraction et toute inflation amèneraient des modifications dont les nationaux pourraient souffrir ou profiter injustement.

Mais que la réalité des choses est différente de cette Salente économique! Que nous apprend l'expérience quotidienne, et en particulier celle des dernières années? Quels sont les pays dont le change baisse? La rapide esquisse présentée plus haut a mis en lumière la situation des royaumes européens et des républiques sud-américaines qui peuvent s'enorgueillir de posséder une monnaie dépréciée! Quel est celui de ces États qui refuserait, si les moyens lui en étaient fournis, de rentrer dans la vie économique normale, c'est-à-dire la libre circulation des espèces et le remboursement en métal du papier-monnaie?

Nous devons donc, nous Français, ne pas nous laisser séduire un seul instant par ces chimères ou ces billevesées qui ont pu traverser le

cerveau fumeux des théoriciens du désordre économique. Nous devons rester fidèlement atta-
chés à notre circulation métallique ou, ce qui
revient au même, à notre billet de banque remboursable en espèces. La seule question dont
nous ayons à nous préoccuper, au point de vue
de notre régime intérieur, est celle de la valeur
relative de l'or et de l'argent; et encore l'approvisionnement d'or considérable qui existe à la
Banque de France et dans la circulation, le fait
que nous sommes constamment créanciers de
l'étranger en vertu de nos valeurs mobilières et
de l'afflux des voyageurs de toutes nations à l'intérieur de nos frontières, diminuent-ils beaucoup les dangers qui pourraient résulter pour
nous d'une baisse ultérieure du métal blanc.

Quant à nos rapports avec les pays à change
avarié, nous distinguons deux cas. Pour les denrées que nous ne produisons pas, comme le café,
peu nous importe que les francs remis par nous
en échange d'un sac de cette marchandise pro-
curent au planteur brésilien une quantité de
milreis supérieure à celle qu'il touchait auparavant. Bien plus! ce changement nous est utile,
puisqu'il pourra amener le vendeur à se contenter d'un nombre de francs moindre et à nous
céder par conséquent son café à meilleur marché.
S'il s'agit de denrées ou de marchandises dont
les similaires se produisent à l'intérieur de nos
frontières, comme les vins espagnols, nous

commençons par déclarer que nous n'envions nullement à nos voisins transpyrénéens les avantages que semble procurer à certains membres de leur communauté la dépréciation de leur étalon. Si véritablement il est nécessaire, dans l'état actuel de guerre économique de l'univers, d'empêcher ces vins de venir faire la concurrence à nos crus du Roussillon, bien que, n'étant pas identiques à ces derniers, ils soient propres à certains mélanges, c'est uniquement par l'application des tarifs de douanes que ce but serait réalisable. C'est un argument dont nos négociateurs pourront se servir en cette circonstance et en toute autre semblable, afin de justifier l'application d'un tarif plus élevé ou d'obtenir des avantages compensateurs pour notre industrie ou notre agriculture.

Il ne nous paraît pas qu'il y ait une autre conclusion à tirer de ce fait. Il n'altère en rien les grands principes monétaires qui forment la base de toute organisation économique et qui se résument en deux lois : la monnaie libératoire doit pouvoir être librement frappée, c'est-à-dire que chaque particulier, en échange d'un lingot, obtiendra le nombre de pièces du titre et du poids prescrits; le billet de banque sera toujours remboursable à vue en espèces. Quand l'histoire nous raconte que Pitt ne reculait devant aucun moyen de lutte et ne rougissait pas d'employer les armes les plus déloyales, elle ne nous dit

pas qu'il ait fait graver un plus grand nombre
de billets de la Banque d'Angleterre afin de nuire
à la France. Elle nous assure, au contraire, qu'il
fit imprimer et répandre chez son ennemi des
millions d'assignats, avec lesquels il comptait
précipiter l'avilissement de l'étalon français.
N'envions pas, et imitons moins encore, les pays
qui usent et abusent du papier-monnaie. Telle
est la leçon qui se dégage de l'étude impartiale
et complète des phénomènes qu'il engendre et
qui trouvent leur expression la plus prompte, la
plus vive, la plus saisissante dans la dépréciation du change.

QUATRIÈME PARTIE

LE BILLET DE BANQUE

Il n'est aucune science dans laquelle l'insuffisance de la terminologie ait fait autant de mal que dans la science économique. Sous le nom de billet de banque, on a confondu la promesse de payer une certaine somme en espèces, à vue et au porteur, émise tantôt par des établissements privés, tantôt par des banques d'État, et le papier-monnaie, émis par les gouvernements ou pour leur compte, et auquel ceux-ci donnent force libératoire, en décrétant qu'il aura cours forcé, c'est-à-dire ne sera pas remboursable en numéraire. Si le billet de banque ou billet d'État était partout convertible en métal, à présentation, son étude se confondrait en partie avec celle du système monétaire des différents peuples. En France par exemple, puisque le billet de la Banque de France est remboursable, au gré du porteur, en espèces, la valeur de ce billet, en temps normal du moins, ne diffère pas de celle de ces dernières. En Russie au contraire, où les billets de la Banque de Russie ont cours forcé, il n'est pas possible d'en confondre la valeur avec celle du rouble métallique.

Nous avons pensé qu'il ne serait pas sans intérêt de parcourir successivement les différents pays et d'y étudier le régime de la circulation fiduciaire. Nous suivrons l'ordre géographique en divisant notre travail en autant de chapitres qu'il y a de parties du monde.

CHAPITRE XV

EUROPE

L'Europe nous offre à peu près tous les types des différentes espèces de monnaie de papier et de papier-monnaie. Nous entendons par cette dernière expression le papier à qui l'État donne arbitrairement force libératoire, tandis que nous rangeons dans la première catégorie les billets, qui ne remplissent que le rôle fiduciaire, c'est-à-dire ne sont acceptés dans la circulation que par la libre volonté des particuliers.

FRANCE

Le régime français est l'un des plus simples. Le monopole de l'émission des billets de banque, qui a successivement été étendu de la capitale au pays tout entier, a été accordé à la Banque de

France pour des périodes successives depuis sa fondation jusqu'à nos jours. La loi du 24 germinal an XI (14 avril 1803) avait attribué ce privilège à la Banque, mais seulement pour Paris. Le capital, fixé originairement à 30 millions le 18 janvier 1800, fut porté à 45 millions et le privilège accordé pour quinze ans. A la fin de 1805, la Banque dut suspendre temporairement le remboursement de ses billets. La loi du 22 avril 1806 doubla le capital, qui fut ainsi porté à 90 millions, et prorogea le privilège jusqu'en 1843. La Banque de France commença alors à ouvrir dans certaines villes de province des comptoirs, dont les billets étaient également payables à bureau ouvert par la Banque de France. Une loi de 1840 prorogea le privilège jusqu'en 1867 et décida que désormais aucune banque départementale ne pourrait être créée qu'en vertu d'une loi. En 1848, le gouvernement provisoire décréta le cours légal et forcé des billets de banque et l'unité d'émission pour toute la France. Les diverses banques départementales, qui avaient conservé jusque-là le droit d'émettre des billets, en furent dépouillées au profit de l'établissement central unique. Le capital de la Banque, qui en 1823 avait été réduit à 67 900 000 par des rachats d'actions, s'accrut en 1848 du capital des banques départementales annexées, soit 23 350 000, et fut ainsi porté à 91 250 000. Ces banques

annexées étaient celles de Rouen, Lyon, le
Havre, Lille, Toulouse, Orléans, Marseille,
Nantes et Bordeaux. C'est en 1857 que le privilège de la Banque fut pour la dernière fois
prorogé de quarante ans. La même loi de 1857
doubla le capital, fixé désormais à 182 500 000, et
confirma le principe du monopole de l'émission,
de sorte que, lorsque deux ans plus tard la
Savoie fut incorporée à la France, la Banque
de Savoie perdit son droit d'émission et fut
remplacée par une succursale de la Banque de
France à Annecy. Le privilège expirant en 1897,
un projet a été déposé à la Chambre des députés
pour son renouvellement jusqu'en 1920. Postérieurement au dépôt, la Banque a déclaré être
prête à traiter sur la base d'un renouvellement
jusqu'en 1910.

Aucune disposition ne limitait à l'origine
l'émission des billets de la Banque de France ;
ses statuts disent simplement qu'elle est tenue de
conserver toujours une encaisse suffisante pour
pouvoir, à toute époque, rembourser ses billets
à vue et au porteur. L'élasticité de cette prescription est telle qu'elle n'a pas de sanction pratique. Les traditions de l'établissement et la
façon dont il est gouverné et administré sont les
véritables garanties de la valeur du billet. Celui-
ci, sauf pendant des périodes relativement
courtes, n'a pas cessé d'être constamment remboursable ou, comme les Américains l'expriment

énergiquement, *rachetable* (redeemable) en numéraire. Nous avons signalé tout à l'heure la première crise, de très courte durée, qu'il eut à
subir à la fin de 1805, et celle de 1848, lors de
laquelle les billets reçurent cours légal et cours
forcé. Sous ce régime, non seulement les particuliers sont tenus de les accepter en paiement
(cours légal), mais ils n'ont pas le droit d'aller
les présenter au remboursement aux guichets
de l'établissement émetteur, c'est-à-dire de la
Banque de France (cours forcé). S'il est aisé de
concevoir que, tant qu'un billet est remboursable à vue, le gouvernement peut se dispenser
d'en limiter le montant, il est bien évident que,
dès l'instant où il délie l'établissement émetteur
de cette obligation, il peut et doit intervenir
dans la fixation du chiffre des billets.

Le décret du 15 mars 1848 limita pour la
première fois l'émission au chiffre maximum de
350 millions de francs. Un décret du 25 mars
suivant appliqua une limitation analogue aux
billets des banques départementales jusqu'à concurrence de 102 millions. Le décret du 27 avril
qui réunissait ces banques à la Banque de
France transféra à cette dernière le montant de
102 millions dont l'émission avait été autorisée
pour les banques départementales. La loi du
22 décembre 1849, rendue par l'Assemblée
nationale, éleva ce chiffre à 525 millions. Mais
lorsqu'une loi du 6 août 1850 fit cesser le cours

forcé et le cours légal, les prescriptions relatives au maximum de la circulation furent, par une conséquence logique, supprimées et la Banque se trouva replacée sous l'empire de ses statuts. Cette situation dura jusqu'en 1870. Le 12 août de cette année, le cours légal et le cours forcé furent établis et le maximum de la circulation fixé à 1 800 millions, le 14 août à 2 400 millions, le 29 décembre 1871 à 2 800 millions et le 15 juillet 1872 à 3 200 millions.

Le 1er janvier 1878, le cours forcé des billets de banque fut supprimé, mais le cours légal maintenu, c'est-à-dire que les billets, dont le remboursement peut toujours être exigé aux guichets de la Banque, sont monnaie libératoire pour les transactions entre particuliers et les paiements aux caisses publiques. Le gouvernement a profité de ce maintien du cours légal pour continuer à imposer une limitation à l'émission de la Banque. Cette limitation, fixée à 3 500 millions par la loi de finances du 30 janvier 1884, a été portée à 4 milliards par celle de décembre 1892. Il ne semble pas que cette intervention, en somme arbitraire, du pouvoir, soit dans l'esprit de la constitution de la Banque de France. La meilleure preuve en est que chaque fois que l'émission des billets paraît s'approcher d'une limite antérieurement fixée, le gouvernement n'hésite pas à reculer la borne. Il semblerait plus simple de retirer le cours légal aux billets, c'est-à-dire de laisser chacun libre de les accepter ou de les refuser et d'en revenir purement et simplement aux statuts de la Banque qui lui donnent pleine liberté sur ce point : le souci de son propre crédit suffirait à l'empêcher de faire des émissions excessives. Le cours légal pourrait même être maintenu et la limitation gouvernementale disparaître sans inconvénient : il n'y a point corrélation nécessaire entre les deux faits.

Le système monétaire français étant le bimétallisme, c'est-à-dire chacun pouvant se libérer d'une dette indistinctement au moyen d'un certain nombre de pièces d'or ou d'argent, la Banque est libre de rembourser ses billets en pièces d'or ou en écus de 5 francs en argent. Par suite de l'Union latine, la Banque de France est tenue de recevoir, comme tous les autres Français, les écus de 5 francs belges, italiens, grecs et suisses en quantités illimitées. Mais, à l'expiration de la convention, la liquidation des pièces de 5 francs étrangères qui se trouveraient dans ses caisses s'effectuerait pour le compte de l'État : cela a été formellement stipulé dans un échange de lettres qui a eu lieu à cette occasion le 31 octobre et le 2 novembre 1885 entre le ministre des Finances et le gouverneur de la Banque.

GRANDE-BRETAGNE

Le système anglais est très différent du nôtre : sous certains rapports il en est l'opposé. Ici point de monopole concédé pour une période fixe et renouvelable à l'expiration du terme convenu, mais un privilège accordé à un certain nombre d'établissements, toujours dénonçable par le gouvernement et qui se renouvelle d'année en année, par tacite reconduction. D'autre part, limitation mathématique de l'émission des billets. La Banque d'Angleterre, dont la fondation remonte à deux siècles, ne peut émettre un seul billet si elle n'en a pas la représentation en espèces dans ses caves. Exception est faite pour une somme fixe de 16 800 000 livres sterling (environ 423 millions de francs) qui constitue une créance de la Banque sur le gouvernement anglais, composée d'une avance fixe de 11 015 000 livres sterling et de L. 5 785 000 de titres de rentes que, par dérogation aux principes, la Banque est autorisée à considérer comme couverture d'une émission d'un montant égal. En dehors de ces 16 800 000 livres sterling, la règle est inflexible et l'émission strictement bornée. Toutefois, sous le coup de graves nécessités, cet acte de la Banque, qui date de 1844, a déjà été trois fois suspendu, en 1857, en 1866 et en 1890, et la Banque autorisée à émettre des billets pour une somme supérieure ; mais cette suspension de l'« act » de la Banque n'a jamais été que de courte durée. Elle n'a pas tardé à rentrer dans l'état normal. Antérieurement, elle avait été autorisée à suspendre le remboursement en espèces de ses billets pendant la plus grande partie des guerres de la Révolution et de l'Empire (de 1797 à 1819). Nous pourrions même rappeler qu'à l'origine, en 1694, le billet de la Banque d'Angleterre se négociait à 20 pour 100 de perte.

Dans le reste du Royaume-Uni, le pouvoir d'émission est réparti, pour l'Angleterre proprement dite, y compris la principauté de Galles et l'île de Man, entre 146 banques, dont le nombre, en vertu de l'acte de 1844, ne peut jamais être augmenté. Au contraire chaque fois que l'une de ces banques renonce au droit d'émission qu'elle tient de sa charte fondamentale, la Banque d'Angleterre peut augmenter sa propre circulation d'une somme égale aux deux tiers de celle de la Banque qui cesse d'émettre les billets. C'est ce qui s'est produit encore tout récemment au début de l'année 1893 : on a vu dans le bilan de la Banque d'Angleterre, au département de l'émission (issue departement), le chapitre *valeurs diverses* passer de livres sterling 15 434 000 à 15 784 000, par suite de la cessation des opérations d'une Banque d'émission, de laquelle la Banque d'Angleterre a hérité un pouvoir d'émission de livres sterling 350 000.

L'Écosse qui, à la fin du XVIIe siècle, peu de temps après l'institution de la Banque d'Angleterre, avait été dotée d'une banque unique, a vécu ensuite sous le régime de la liberté des banques : en 1845, un bill réglementa la situation d'une façon analogue à celle de la Banque d'Angleterre. La fondation de tout nouvel établissement d'émission y fut interdite : les banques qui, en vertu de la liberté d'émission, émettaient des billets à la date de 1845, durent faire constater la moyenne de cette émission et ne plus désormais en remettre en circulation que jusqu'à concurrence de ce chiffre.

Actuellement il existe 10 banques d'émission en Écosse, elles ont 949 succursales. Leur circulation totale est de 5 600 000 livres sterling dont 2 600 000 ne sont pas couvertes par l'encaisse ; c'est ce qui correspond au pouvoir d'émission de la Banque d'Angleterre.

L'Irlande a 6 banques d'émission avec une faculté d'émission de livres sterling 6 300 000 : elles ont 353 succursales, soit une par 13 000 habitants et 200 kilomètres carrés. L'Irlande est donc sous ce rapport un des pays du monde les plus richement dotés.

En résumé la circulation fiduciaire du Royaume-Uni est fournie par 162 établissements, dont le pouvoir d'émission est de 30 563 000 livres sterling; au-dessus de cette somme maximum, toute émission de billets doit avoir pour contre-partie une encaisse métallique. Ce chiffre représente une diminution énorme des établissements émetteurs dans le courant du siècle, puisqu'en 1826 le nombre des banques émettant des billets était de 809.

Le grand reproche qu'on adresse au système du billet de banque anglais est de reposer sur une base trop étroite. La Banque d'Angleterre ne peut émettre de billets qu'en contre-partie exacte de son encaisse métallique plus une certaine somme invariable. Il ne lui est pas permis en temps normal d'augmenter sa circulation proportionnellement à son portefeuille ou à ses avances. Il en résulte pour elle une préoccupation constante de limiter la sortie de ses billets et d'en garder une réserve, qu'une tradition constante lui fait maintenir au moins égale au tiers de ses engagements. Cette réserve en avril 1894 atteint 23 millions de livres, c'est-à-dire 61 pour 100 des comptes courants de l'État et des particuliers additionnés. De là pour elle la nécessité d'élever fréquemment le taux de son escompte, lorsqu'elle voit cette réserve menacée, de là aussi la nécessité, dans les crises même simplement commerciales, de suspendre l'effet de l'acte de la banque et de l'autoriser à dépasser la limite fixée par sa charte. Ces dispositions restrictives ne font évidemment qu'accroître la valeur intrinsèque du billet de la Banque d'Angletérre ; mais elles ont pour résultat de l'empêcher, dans les temps difficiles, de venir aussi largement en aide au pays que d'autres établissements similaires à l'étranger. C'est ce qui a motivé la suspension du Bank Act et l'emprunt d'or fait en 1890 par la Banque d'Angleterre à la Banque de France. Cet or devait permettre une augmentation de la circulation, puisque celle-ci ne peut croître que proportionnellement à l'encaisse métallique.

Il convient d'ajouter que la Grande-Bretagne remplace dans une foule de transactions le billet de banque par le chèque et que l'institution des chambres de compensation, qui fonctionnent dans les principales villes, permet de régler au moyen de ces chèques un très grand nombre d'opérations qui ailleurs exigent l'emploi des billets de banque. Nous verrons même, lorsque nous étudierons l'Amérique, que les chambres de compensation émettent à certaines époques des certificats gagés par des dépôts de valeurs qui remplissent exactement, pour un temps donné et en vue de certains règlements, l'office du billet de banque.

ALLEMAGNE

L'Allemagne n'emploie que des billets de banques particulières, sauf une petite émission de bons de caisse de l'Empire, qui a d'ailleurs un gage spécial indirect dans le Trésor de guerre. Il y existe neuf banques d'émission, mais la Banque de l'Empire (Reichsbank) a une circulation qui, à elle seule, représente presque les neuf dixièmes de la circulation totale. Elle est donc, sans comparaison, de beaucoup la plus importante de ces établissements. Le régime sous lequel vivent les banques a été réglé par la loi du 14 mars 1875. L'autorisation d'émettre des billets ne peut être accordée que par une loi de l'empire. Le cours légal n'existe pas. Nul n'est tenu d'accepter des billets de banque en paiement : semblable obligation ne peut non plus être imposée aux caisses publiques par une loi d'aucun État faisant partie de l'Empire. Chaque banque est obligée de rembourser à présentation ses billets, à leur pleine valeur nominale, et ce non seulement au siège central, mais aussi aux succursales.

L'émission des billets de la Reichsbank est réglée par les prescriptions suivantes : elle doit avoir en caisse au moins le tiers du montant des billets qui circulent, représenté par des monnaies ayant cours légal en Allemagne, des bons de caisse de l'Empire, sur lesquels nous reviendrons dans un instant, par de l'or en lingots ou des monnaies d'or étrangères, l'or étant calculé à 2 784 marcs le kilogramme (un marc vaut environ 1 fr. 25). La circulation qui excède le montant du fonds métallique doit être couverte par des lettres de change à trois mois d'échéance maximum et revêtues d'au moins deux signatures. Elle paie au Gouvernement 5 pour 100 d'impôt sur toute la partie de sa circulation qui excède le chiffre de l'encaisse métallique plus 296 millions. En aucun cas la circulation ne peut dépasser le triple de l'encaisse. Il y a donc deux limites imposées à l'émission : 1° au point de vue absolu : en aucun cas la circulation ne peut dépasser le triple de l'encaisse; 2° au point de vue fiscal : si la circulation dépasse l'encaisse de plus de 296 millions, l'excédent en est soumis à un impôt. Le privilège de la Reichsbank a été renouvelé en 1890 pour dix années : il expire donc à la fin du siècle.

Les autres banques qui émettent encore des billets en Allemagne sont : la Banque Urbaine de Breslau, la Banque de Francfort, la Banque d'émission bavaroise, la Banque saxonne à Dresde, la Banque d'émission wurtembergeoise, la Banque badoise, la Banque pour le Sud de l'Allemagne et la Banque de Brunswick. Elles sont autorisées à faire les mêmes opérations que la Reichsbank, mais le droit d'émission peut leur être retiré en tout temps par le Gouvernement, moyennant un préavis d'une année.

À la fin de février 1894, la circulation de la Reichsbank était de 908 millions de mares et celle des huit autres banques de 170 millions seulement. Parmi elles la Banque Urbaine de

Breslau n'avait émis que 310 000 mares et celle de Brunswick 2 714 000 mares de billets. On s'attend à ce que ces deux établissements cessent leur émission dans un délai assez rapproché, mais les six autres continueront vraisemblablement à fonctionner; l'esprit particulariste du Sud de l'Allemagne s'opposera longtemps encore à leur disparition. Un point à noter est que l'encaisse de toutes ces banques se compose exclusivement d'or, alors que celle de la Reichsbank est composée d'or et d'argent. D'après des calculs récents, l'encaisse de la Reichsbank comprendrait environ pour 200 millions de mares, soit 250 millions de francs de thalers d'argent qui ont encore cours légal (un thaler vaut trois reichsmarks).

En dehors de ces billets de banque, il existait dans la plupart des pays allemands des billets d'État émis directement par les gouvernements souverains et qui circulaient concurremment avec ceux des banques. Une loi du 30 avril 1874 a décidé que chacun de ces États retirerait son papier-monnaie, en échange duquel il a reçu de l'Empire des bons de caisse convertibles en espèces aux caisses du Trésor impérial (Reichs Cassen Scheine). On considère généralement que ces bons de caisse de l'Empire ont pour garantie les 120 millions en or déposés comme trésor de guerre dans la Tour de Jules à Spandau.

BELGIQUE

La Banque Nationale de Belgique a un monopole de fait et non de droit. Le Gouvernement s'est réservé la faculté d'autoriser par une loi d'autres sociétés par actions à émettre des billets de banque; mais, en fait, il ne s'est jamais servi de cette faculté et il est peu probable qu'il en use jamais. La Banque Nationale lui rend des services considérables; elle est son caissier et lui abandonne une part importante de ses bénéfices. Elle a été constituée par la loi du 5 mai 1850, avec une durée primitivement fixée à 25 ans; la loi du 20 mai 1872 l'a prorogée de 30 ans à partir du premier janvier 1873 et a porté en même temps le capital de 25 à 50 millions de francs. L'article 12 de la loi de 1850 s'exprime comme suit : « La Banque émet des billets de banque au porteur, le montant des billets en circulation sera représenté par des valeurs facilement réalisables. La proportion entre l'encaisse et les billets en circulation sera fixée par les statuts. » L'article 35 des statuts dit : « La Banque est tenue d'avoir une encaisse métallique égale au tiers du montant de ses billets et de ses autres engagements à vue. Néanmoins l'encaisse pourra descendre au-dessous du tiers dans les cas et avec les limites, qui seront autorisés par le Ministre des Finances. »

La Banque paie à l'État 1/2 pour mille de la moyenne des billets tenus en circulation pendant l'année, plus une autre taxe de 1/4 pour cent sur la circulation moyenne excédant 275 millions. Elle bonifie à l'État les bénéfices résultant de la différence entre l'intérêt à 5 pour 100 et le taux perçu sur les opérations d'escompte et de prêts, lorsqu'il est supérieur à ce taux plus un quart de l'excédent des bénéfices au delà de 6 pour 100 du capital social.

HOLLANDE

La Banque des Pays Bas (Nederlandsche Bank) est la seule banque d'émission en Hollande. Elle a été fondée en 1814 au capital de 20 millions de florins (le florin vaut environ 2 fr. 10) et réorganisée en 1863. Le président et le secrétaire sont nommés par le Roi. Le privilège a été prorogé en dernier lieu jusqu'au 31 mars 1904. À défaut de dénonciation préalable par l'État, il sera renouvelé pour dix ans par tacite reconduction. Les billets émis par la Banque n'ont pas cours légal, mais sont reçus dans toutes les caisses de l'État. Le décret du 16 août 1884 a fixé l'encaisse métallique à 40 pour 100 du montant des billets en circulation et des dépôts; la loi n'a édicté aucune prescription quant à la proportion entre l'or et l'argent. Le Gouvernement hollandais, de son côté, a émis du papier-

monnaie, créé en 1845, garanti par une inscription de rente 2 1/2 et 3 pour 100 et qui doit
servir au retrait et à la démonétisation des
pièces d'or anciennes. Le maximum en est de
15 millions de florins.

La Banque doit le remboursement de ses billets en monnaie légale. Après répartition de
5 pour 100 au capital social, le surplus des bénéfices, sous déduction ,de 10 pour 100 pour la
réserve, est partagé entre l'État et la Banque.
Si le dividende atteint 7 pour 100 l'État prélève
les 2/3 de l'excédent des bénéfices.

Le régime monétaire de la Hollande est l'étalon
boiteux, c'est-à-dire frappe libre de l'or et circulation avec force libératoire d'une quantité
limitée d'argent frappée antérieurement.

AUTRICHE-HONGRIE

Le régime fiduciaire autrichien est particulièrement intéressant à étudier en ce moment où
il se trouve en voie de transformation en même
temps que le régime monétaire du pays. Sous
le nom de *valuta regulirung* (règlement de l'étalon) l'Autriche-Hongrie a commencé une série
d'opérations qui doivent avoir pour résultat de
lui donner l'étalon boiteux (libre frappe de l'or
avec un stock de monnaies d'argent libératoires), de supprimer les billets d'État et de
rendre les billets de banque remboursables en

espèces. L'Autriche a eu l'étalon d'argent qui avait été notamment consacré par le traité monétaire de 1857 intervenu entre elle et la Confédération germanique, mais a vécu presque constamment, depuis le commencement du siècle, sous le régime du cours forcé.

Les billets d'État autrichiens qui existaient antérieurement avaient été réduits en 1811 à 20 pour 100 de leur valeur, et en 1817 ces billets, une première fois réduits, le furent encore à 40 pour 100 de leur nouvelle valeur. En échange de cent florins on en avait maintenant huit. La Banque nationale fut fondée en 1816 au capital de 190 millions de florins, reçut un monopole et fut chargée de retirer les billets d'État à cours forcé; en 1839, il n'en existait plus, que pour 13 millions de florins. Mais en 1848 les événements politiques obligèrent l'État à recourir de nouveau largement au crédit de la Banque, à qui il emprunta 200 millions de florins. En 1858, ce chiffre étant réduit à 45 millions, le gouvernement songea de nouveau à supprimer le cours forcé, lorsque la guerre de 1859 vint encore une fois bouleverser ses projets. En échange d'une avance de 80 millions de florins la Banque vit son privilège renouvelé jusqu'en 1876. Une avance de 80 millions de florins, remboursable seulement à l'expiration du privilège, fut consentie par la Banque à l'État, qui prit l'engagement de rembourser le solde de sa dette au delà de ce chiffre. La guerre contre la Prusse en 1866 provoqua de nouvelles émissions de billets d'État, dont la circulation totale, y compris celle des bons des Salines, sorte de bons du trésor, fut fixée à 412 millions de florins. A partir de ce moment, circulent concurremment et sans que le public fasse de distinction, les billets de la Banque de 10, 100 et 1 000 florins et les billets de l'État de 1, 5 et 50 florins, tous ayant cours forcé. Les statuts de la Banque furent revisés : elle devint Banque austro-hongroise, son privilège fut renouvelé d'abord jusqu'en 1887, puis jusqu'au 31 décembre 1897.

Les deux cinquièmes de la circulation doivent être couverts par de l'or ou de l'argent et trois cinquièmes par le portefeuille autrichien et étranger, les prêts sur métaux, effets publics et coupons. La Banque est autorisée à comprendre dans son encaisse pour 30 millions de florins de billets d'État. L'avance à l'État reste fixée à 80 millions de florins sans intérêts. Si la circulation dépasse l'encaisse de plus de 200 millions, il sera dû à l'État une taxe sur l'excédent. Il est permis à la Banque de compter son portefeuille étranger comme espèces jusqu'à concurrence de 30 millions de florins, à condition qu'il s'agisse d'effets sur pays où ils sont payables en numéraire.

Les rapports entre la Banque et l'État sont les suivants. Le gouverneur et les deux sous-gou-

verneurs sont nommés par l'Empereur, les deux
derniers sur la présentation du conseil général.
Sur les bénéfices il est prélevé 5 pour 100 en
faveur des actionnaires, puis 10 pour 100 de
l'excédent vont à la réserve et un dividende com-
plémentaire de 2 pour 100 est payé aux actionnaires. Au delà de 7 pour 100, ceux-ci n'ont plus
droit qu'à la moitié des bénéfices; l'autre moitié
va aux gouvernements, à raison de sept dixièmes
pour l'Autriche et trois dixièmes pour la Hongrie. Cette part des bénéfices revenant à l'État
est affectée au remboursement de l'avance de
80 millions que la Banque lui a faite. Mais
là où l'entente va devenir nécessairement plus
intime encore entre l'État et la Banque, c'est
précisément pour accomplir ce premier acte de
la reprise des paiements en espèces, la suppression du papier-monnaie. A la dernière assemblée
de la Banque austro-hongroise (5 février 1894)
il a été question des négociations à ouvrir à ce
sujet. En même temps se discutera le renouvellement du privilège qui expire en 1897, c'est-
à-dire la même année que celui de la Banque de
France. Le rapport du conseil dit à cet égard :
« Les deux gouvernements autrichien et hon-
grois nous ont exprimé le dessein de retirer les
billets d'État en circulation jusqu'à concurrence
des sommes disponibles à cet effet. Ils comptent
pour cela sur le concours de la Banque afin de
mettre à leur disposition des florins d'argent et

des billets de banque contre dépôt de monnaies d'or en couronnes. » La couronne est la nouvelle unité monétaire adoptée : sa valeur est de 1 fr. 05. La Banque est en même temps invitée, pendant la période si importante de transition d'un système à l'autre, à intervenir le plus possible, dans l'intérêt du public, sur le marché des changes, conformément à la latitude que lui donnent ses statuts.

Les négociations entre le gouvernement et la Banque se poursuivent sur les bases suivantes : remboursement à celle-ci de l'avance de 80 millions de florins, déjà réduite à 77 par l'application à ce remboursement d'une partie des bénéfices antérieurs. A l'avenir, la participation de l'État dans les bénéfices de la Banque commencerait aussitôt après distribution aux actionnaires de 6 pour 100 et non plus de 7 pour 100. D'autre part la Banque propose de réduire son capital de 90 à 75 millions de florins, ce qui hâterait et augmenterait encore la participation de l'État. On calcule que celle-ci passerait ainsi à une moyenne annuelle de 1 200 000 florins au lieu de 380 000.

RUSSIE

Le billet de banque russe actuel date de 1839. Bien avant cette époque, la Russie avait connu le papier-monnaie. La grande Catherine avait déjà décrété des émissions successives d'assignats qui s'élevaient à 157 millions de roubles en 1793, année de sa mort; ce chiffre était de 212 millions en 1800 et atteignait en 1810 la somme considérable de 567 millions, qu'Alexandre Ier, par son manifeste du 2 février de cette année, reconnut comme dette de l'État. A partir de 1812, les livres de plusieurs années sont perdus et l'historien ne peut plus relever les émissions annuelles. On ne retrouve de chiffre certain qu'en 1817, date à laquelle on constate une circulation de 836 millions d'assignats. Le cours le plus bas de ce papier-monnaie avait été en 1815 de 418, c'est-à-dire qu'on donnait 418 roubles papier pour en recevoir 100 en métal. Le papier perdait donc plus des trois quarts de sa valeur. En 1822, le chiffre de la circulation était ramené à 595 millions. L'Ukase de 1839 ordonnait que l'unité monétaire serait le rouble argent pesant 20 gr. 7315 et décidait que tous les engagements libellés en papier seraient transférés en argent, à raison de deux roubles d'argent pour sept roubles papier. Les assignats furent échangés contre des billets de crédit remboursables en métal dont le total s'éleva alors au chiffre de 170 millions : ces nouveaux billets de crédit sont ceux qui circulent encore aujourd'hui et qui forment la monnaie légale de la Russie : ils ont depuis longtemps cessé d'être payables en métal; le cours forcé existe d'une façon à peu près continue depuis le milieu du siècle. Ces billets de crédit furent émis par la Banque de Russie, banque d'État sans autre capital propre qu'une modeste dotation de 25 millions de roubles fournie par le gouvernement : son histoire se confond avec celle des finances publiques du pays. Les espèces métalliques déposées par les particuliers, qui demandaient à recevoir par contre des billets de crédit, constituèrent le premier fonds d'échange des billets. La guerre de Crimée amena le cours forcé et le doublement de la circulation qui passa de 300 à 600 millions de roubles. La dernière augmentation de la circulation date des guerres de Serbie et d'Orient (1876-1877), durant lesquelles il fut créé pour plus de 400 millions de roubles papier.

Si on examine aujourd'hui le bilan de la Banque de Russie, on constate qu'il est disposé comme celui de la Banque d'Angleterre : il comprend le département de l'émission et le département de la Banque. Le premier s'appelle compte du fonds d'échange des billets de crédit. Il comprend au passif, à l'heure actuelle, environ 930 millions de billets de crédit contre une encaisse de 362 millions et un découvert du Trésor de 568 millions. Cette dernière somme est analogue en théorie à celle du découvert de la Banque d'Angleterre vis-à-vis du gouvernement anglais ; c'est la somme fixe pour laquelle la Banque est autorisée à émettre des billets en sus de l'encaisse. Au compte des opérations commerciales figurent au passif 266 millions de billets de crédit émis temporairement en vertu de l'ukase du 1er janvier 1881. Ces billets font partie des 400 millions émis pendant les dernières guerres dont le rachat avait été ordonné et effectué, mais que la Banque a été autorisée à remettre provisoirement en circulation contre un dépôt de rentes de l'État.

Si, comme la condition prospère de ses finances et l'amélioration de son crédit à l'étranger permettent de le supposer, la Russie est amenée à reprendre un jour les paiements en espèces, la question se posera de savoir en quel métal et en quelle quantité de ce métal le billet de banque russe sera remboursable. Le pays avait autrefois l'étalon d'argent; la pièce d'un rouble contenait exactement autant d'argent que quatre francs français, soit 20 gr. 7315 à 868 millièmes de fin; le rouble or a été récemment constitué dans les mêmes proportions et contient 1 gr. 613 d'or fin, si bien que la pièce de 5 roubles or équivaut à notre pièce de 20 francs et est acceptée comme telle par nos caisses publiques. Si la Russie voulait user de son droit strict et donner de l'argent en échange de son papier, elle ramènerait ce dernier à une valeur de moins de 2 francs, puisque le métal argent perd aujourd'hui plus de 50 pour 100; elle ne le fera pas; aussi le rouble crédit vaut-il déjà deux francs trois quarts. Il n'est pas probable d'un autre côté que la Russie reprenne les paiements en espèces sur la base de 4 francs d'or par rouble, ce qui amènerait une perturbation économique dans l'autre sens. Il semble plus vraisemblable qu'elle s'arrêtera à une décision analogue à celle de l'Autriche, et que, le jour où elle reprendra les paiements en numéraire, elle créera un nouveau rouble or, auquel elle attribuera la valeur du rouble papier indiquée par la cote des changes au jour de la conversion.

Le système fiduciaire de la Russie est d'une grande simplicité : le papier est émis exclusivement par l'État. Celui-ci s'est toutefois imposé certaines limites en organisant sa banque sur le modèle de la Banque d'Angleterre et en se défendant à lui-même d'émettre du papier au delà du découvert de 568 millions, sans avoir pour contre-partie une encaisse métallique en or. Outre ces masses de métal jaune immobilisées à la Banque, le Trésor en possède pour son propre compte une réserve importante. On évalue à 1 600 millions de francs environ le chiffre total d'or que le gouvernement Russe détient à l'heure qu'il est.

Les fluctuations du billet de banque russe ont été considérables : la hausse et la baisse en ont été déterminées d'une part par des raisons intérieures, c'est-à-dire la quantité plus ou moins grande de papier créé, l'importance du stock métallique et la situation des budgets; un billet d'État inconvertible est au fond un emprunt forcé sans intérêts, et le cours de cet emprunt, comme celui des rentes de l'État, bien que dans une mesure moindre, reflète le crédit public. Les mouvements de l'exportation ont de leur côté sur le rouble une influence constante : une troisième cause d'instabilité, qui a en partie disparu aujourd'hui, était la spéculation berlinoise qui s'exerçait avec une prédilection marquée sur cet objet. Les ministres des finances russes ont mis obstacle à l'exportation des billets de banque, et, par un ensemble de mesures, ont réussi à diminuer ou tout au moins à surveiller et parfois même à diriger selon leurs désirs le marché du rouble à l'étranger. Depuis dix ans voici quelle a été la valeur moyenne annuelle du rouble exprimé en francs :

1884	2f55	1889	2f66
1885	2 52	1890	2 92
1886	2 44	1891	2 75
1887	2 23	1892	2 53
1888	2 36	1893	2 64

ESPAGNE

Le système fiduciaire espagnol est analogue au nôtre. L'État n'a pas émis de papier; la circulation fiduciaire émane d'un établissement particulier, la Banque d'Espagne, fondée en 1820. C'est la loi du 19 mars 1874 qui a concédé à la

Banque d'Espagne le monopole exclusif de l'émission des billets. Auparavant, avaient existé la Banque de San Carlos, fondée en 1782, et la Banque de San Fernando, fondée en 1829.

Les statuts de la Banque d'Espagne ont été remaniés par la loi du 14 juillet 1891, qui lui permet d'émettre des billets au porteur, jusqu'à concurrence de 1 500 millions de pesetas, à condition d'avoir une encaisse du tiers, dont moitié au moins en or : son privilège court actuellement jusqu'en 1921. Le système monétaire espagnol est le système français : la pièce de 5 piécettes en argent et la pièce d'or de 20 piécettes sont identiques à notre écu de 5 francs et à notre pièce de 20 francs.

Au 31 décembre 1893, la circulation des billets était de 927 millions contre une encaisse de 434 millions ; dans l'encaisse étaient compris les dépôts à l'étranger pour 52 millions. Le portefeuille était de 963 millions ; les valeurs de l'État y figuraient pour près de 700 millions, en dette amortissable 4 pour 100, en obligations du Trésor et en titres de la Compagnie des Tabacs. En outre le Trésor devait à la Banque 172 millions, dont 150 en vertu de l'avance statutaire qui n'est remboursable qu'à l'expiration de la concession. La grande critique que l'on peut et doit adresser à la Banque d'Espagne est l'excessive étendue de ses engagements avec le gouvernement. En dehors de son encaisse composée d'argent pour moitié, d'un maigre portefeuille commercial de moins de 200 millions, et d'avances sur titres pour une cinquantaine de millions, tout son actif consiste en titres de rente ou en avances au Trésor. C'est là une situation qui donne, en partie, à son billet le caractère d'un billet d'État. La valeur du billet n'a pas jusqu'ici été sensiblement atteinte à l'intérieur du pays, mais il perd presque le quart de sa valeur par comparaison avec le billet français. Il est vrai que la dépréciation de l'argent, seul métal courant pour les paiements en Espagne, est à elle seule bien supérieure au montant de cette perte.

Le billet espagnol n'a pas cours forcé en ce sens qu'il est échangeable contre des espèces d'argent; la Banque d'Espagne et le Gouvernement espagnol en agissant de la sorte usent du droit que leur confère une législation bimétalliste. Mais cet exemple montre le danger que courrait notre propre billet, si nous cessions en France d'être à même de nous procurer de l'or en échange du papier. La pièce de cinq pesetas est identique en poids et teneur à notre écu de cinq francs; il en faut cependant cinq pour obtenir en échange quatre de nos écus. C'est parce que ces quatre écus peuvent à leur tour s'échanger contre une pièce en or de vingt francs, qui ne serait pas obtenable en échange de quatre pièces de cinq pesetas.

PORTUGAL

La circulation du Portugal, comme celle de l'Espagne, est exempte jusqu'à l'heure actuelle de billets émis directement par l'État; elle est constituée par les billets de la Banque de Portugal, établissement privé au capital de 13 500 000 milreis, dont l'émission s'élève aujourd'hui à environ 52 1/2 millions de milreis. (Le milreis portugais en or vaut 5 fr. 60; depuis le cours forcé, sa valeur est tombée à environ 4 fr. 25.) La Banque de Portugal souffre du même mal que la Banque d'Espagne; elle a des engagements trop considérables vis-à-vis de l'État, puisque celui-ci lui doit plus de 35 millions de milreis, alors que le portefeuille commercial de la banque est de la moitié de ce chiffre. La Banque de Portugal a en outre pour 5 millions de fonds publics et toute son encaisse au mois d'avril 1894 ne dépassait guère 8 millions, dont 5 1/2 millions en or et 2 1/2 millions en argent. Les diverses limitations imposées par les statuts de la Banque ont été successivement enlevées par le Gouvernement, qui a cherché dans l'extension de la circulation un remède à ses difficultés financières. L'article 15 prescrivait que la somme totale des billets en circulation serait toujours représentée par une encaisse métallique et des valeurs à réalisation facile et

à échéance maximum de trois mois, que la
réserve métallique serait en or et correspon-
drait au tiers du montant des billets en circulation et des autres exigibilités à vue.

L'article 16 fixait le pouvoir d'émission au
double du capital effectif de la Banque. Aujour-
d'hui il atteint presque le quadruple. L'article
37 limitait à 2 millions les avances à l'État, qui
sont aujourd'hui de plus du décuple. Les nouveaux statuts de la banque lui ont assigné une
durée de quarante ans de 1888 à 1928; la loi
lui a conféré pour ce laps de temps le monopole
de l'émission de billets ayant cours légal dans le
royaume de Portugal et les îles voisines.

Sept autres banques, dont cinq à Porto, une
à Braga et une à Guimaraes, avaient également
la faculté d'émettre des billets ayant cours dans
leur district, mais non admis par les caisses de
l'État. En vertu de l'arrangement du 8 juillet 1891, la Banque de Portugal a été chargée
d'unifier la circulation fiduciaire et de retirer
tous les billets de ces banques contre ses propres billets.

ITALIE

L'Italie, parmi toutes les difficultés politiques,
économiques et financières au milieu desquelles
elle se débat, souffre d'une circulation fiduciaire
double, celle de l'État et celle de banques privi-

légiées. Il n'est pas facile d'exposer clairement
ce régime, tant ont été nombreuses les dispositions parfois contradictoires qui l'ont modifié
dans les dernières années. Commençons par
l'émission des établissements particuliers.

Les banques autorisées à émettre des billets
étaient autrefois au nombre de six : la Banque
Nationale, la Banque de Sicile, la Banque de
Naples, la Banque Romaine, la Banque de Tos-
cane de crédit et la Banque Nationale de Tos-
cane. La loi qui les réorganise est du 10 août 1893 :
elle décrète la fusion des deux banques de Tos-
cane avec la Banque nationale d'Italie : la réunion de ces trois établissements a constitué la
Banque d'Italie au capital de 300 millions de
lires (francs) divisé en 300 000 actions nominatives de 1 000 lires chacune, dont 700 lires
versées. Comme d'autre part la Banque Romaine
est en liquidation, il ne subsiste que trois ins-
tituts d'émission : la Banque d'Italie, la Banque
de Naples et la Banque de Sicile. Le privilège
d'émission leur est concédé pour vingt ans. La
limite totale maximum de circulation, pendant les
quatre premières années, est fixée à 1097 millions de lires, savoir 800 millions pour la
Banque d'Italie, 242 pour la Banque de Naples
et 55 pour la Banque de Sicile. Après quatre
années, c'est-à-dire à partir de 1897, chaque établissement devra réduire tous les deux ans sa
circulation d'une quantité proportionnelle, de

façon qu'au bout de quatorze ans la circulation de la Banque d'Italie soit ramenée à 630 millions, celle de la Banque de Naples à 190 et celle de la Banque de Sicile à 44, total 864 millions de lires. Chaque établissement devra avoir un patrimoine égal au tiers de sa circulation. Cette expression de patrimoine est chère aux Italiens, qui envisagent d'une façon spéciale ce que nous appelons l'actif. Ils sont les inventeurs d'une nouvelle comptabilité qu'ils prétendent substituer à la comptabilité en partie double et qu'ils appellent *comptabilité patrimoniale*.

Si l'un des établissements a une circulation inférieure à sa limite maximum, la différence pourra profiter aux deux autres. La valeur de cette limite est considérablement diminuée par la disposition qui permet de ne pas faire figurer dans le chiffre de la circulation le montant des billets émis pour fournir des avances à l'État. Il est prescrit de porter à la réserve, dans l'espace d'une année, 40 0/0 de la circulation : 33 quarantièmes devront être composés de métal, dont 3/4 au moins en or, et 7 quarantièmes de lettres de change sur l'étranger. L'article 12 autorise les banques à recevoir des dépôts : si ces dépôts dépassaient 130 millions pour la Banque d'Italie, 40 millions pour la Banque de Naples et 12 millions pour la Banque de Sicile, chaque établissement serait tenu de réduire sa circulation des trois quarts de la somme des comptes courants à intérêts excédant lesdites sommes : mais le décret du 22 janvier 1894 a suspendu cette dernière disposition. Le même décret a permis une création supplémentaire de billets à raison de 90 millions pour la Banque d'Italie, 28 millions pour la Banque de Naples et 7 millions pour la Banque de Sicile. Cette création n'est pas autorisée directement, mais par suppression de la double taxe pénale qui était imposée par l'article 10 de la loi du 10 août 1893, au cas où les Banques dépasseraient leurs limites statutaires. D'après le bilan de la Banque d'Italie du 10 février 1894, elle avait en circulation 944 millions, des dépôts pour 218 millions, contre une encaisse métallique de 348 millions, un portefeuille de 473 millions et des avances pour 129 millions.

Les Banques de Naples et de Sicile avaient une circulation de 222 et 58 millions contre une encaisse et une réserve d'ensemble 114 et 36 millions.

A côté de ces billets de banque, circulent environ 340 millions de lires de billets d'État de 5 et de 10 lires (240 millions en billets de 10 lires et 100 millions en billets de 5 lires). Les derniers projets du ministère Crispi présentés par M. Sonnino proposent de faire créer par l'État 268 millions de billets nouveaux, dont 68 serviraient à éteindre les avances statutaires de pareille somme faites à l'État par les banques d'émission et 200 millions représenteraient 200 millions d'or que le ministre prétend retirer de l'encaisse des banques. Il est inutile d'insister sur le caractère arbitraire de cet expédient, puisqu'en admettant que ces 200 millions soient réellement destinés à gager les 200 millions de billets nouveaux qu'on se propose de créer, la garantie de la circulation des banques particulières se trouverait affaiblie exactement d'autant.

Il circule également, en vertu du décret du 15 septembre 1893, 30 millions de billets de une lire, contre une somme égale en monnaie divisionnaire immobilisée. D'autres quantités de cette monnaie divisionnaire vont être rapatriées en Italie en vertu de l'arrangement de novembre 1893, intervenu entre les puissances signataires de l'Union latine. Le gouvernement a aussitôt profité de cette rentrée attendue de monnaie divisionnaire pour autoriser encore par décret du 21 février 1894 une nouvelle émission de bons de caisse de 2 lires chaque, jusqu'à concurrence d'un total de 60 millions de lires, qui auront pour gage une somme égale de monnaies divisionnaires, pièces de 2, 1 et 1/2 lire, immobilisées. Le but du gouvernement, en remplaçant par des billets les monnaies d'argent à bas titre (835 millièmes), est d'en empêcher l'exportation. La circulation de ces monnaies demeure par l'arrangement de novembre 1893 interdite sur le territoire des autres membres de l'Union latine; mais l'attrait de la prime du change joint à l'indifférence des populations frontières de la France et de la Suisse, qui ont depuis longtemps l'habitude de recevoir et d'accepter l'argent italien, amènerait certainement un nouvel exode de ces pièces, si elles étaient remises en circulation dans la péninsule.

Un autre décret du 21 février 1894 limite à un maximum de 600 millions de lires le total de la circulation des billets d'État, y compris ceux qui ont été créés par la loi du 7 avril 1881. L'article 5 du même décret dit que les banques, au cas où les porteurs des billets leur en demanderaient le remboursement en espèces, auront le droit d'exiger le paiement de la prime cotée à la Bourse, le jour de l'échange, sur le métal. Si par exemple aujourd'hui la cote est à 115, la Banque ne délivrera que 100 lires espèces contre 115 lires billets. C'est une façon assez originale de décréter le cours forcé sans l'appeler par son nom.

Le total des 600 millions de billets dont l'émission a été autorisée pour l'État se répartit comme suit : 200 millions en billets de 5 lires, 250 en billets de 10 lires et 150 en billets de 25 lires. La plus petite coupure des billets autorisée pour les banques d'émission, sera de 50 lires : l'État prend à sa charge tous les billets de 25 lires émis jusqu'ici par les banques et devient par conséquent créditeur de leur montant vis-à-vis de ces banques.

Toujours à la même date, le gouvernement a décrété la fabrication et l'émission de 20 millions de monnaie de nickel.

L'ensemble de ces mesures n'est qu'une série d'expédients pour augmenter la circulation fiduciaire et empêcher la sortie du métal, même à bas titre. Si l'émission de petits billets qui vise ce dernier but peut ne pas donner lieu à des critiques bien sévères au point de vue théorique, il faut néanmoins rappeler qu'il est contraire aux principes de créer un papier non remboursable, alors même que l'émetteur s'engage à en immobiliser dans ses caisses la contre-partie métallique. Mais ce qui est infiniment plus grave, c'est, sans parler du lourd héritage d'un passé qui a déjà légué au pays un excès de circulation fiduciaire, l'augmentation arbitraire de celle-ci. Cette augmentation porte sur les billets des banques particulières, puisque le gouvernement les a autorisées à enfler de 125 millions leur émission statutaire en les dispensant de la taxe prohibitive qui devait les arrêter dans cette voie. Elle porte avant tout sur les billets d'État, dont on fait une création supplémentaire de 268 millions sans aucun gage à l'appui : car retirer 200 millions d'or aux Banques pour les appliquer soi-disant à garantir le papier-monnaie, n'améliore pas d'un centime l'ensemble de la circulation du pays, qui se trouve grossie sans aucune contre-partie nouvelle à l'actif. En admettant que l'État tienne son engagement d'immobiliser cet or et de l'affecter exclusivement à la garantie de ses billets, la valeur des billets des trois banques particulières se trouvera exactement diminuée de 200 millions, soit de près d'un cinquième. Il est impossible de voir dans aucune des mesures prises jusqu'ici en Italie le commencement d'un retour à la sagesse : elles sont d'ailleurs critiquées sévèrement même à Rome et à Berlin.

SUISSE

La Suisse se trouve dans une période de transition. Le Conseil fédéral a décidé au mois de janvier 1894, par application du droit exclusif que lui donne le nouvel article 39 de la constitution fédérale d'émettre des billets de banque ou toute autre monnaie fiduciaire, qu'il y avait lieu de créer une Banque d'État : cet établissement serait placé sous une administration spéciale et pourrait avoir, selon les besoins, des succursales dans les cantons. Il a en outre invité le département des finances à lui soumettre un projet de loi sur cette base. En attendant que cette transformation soit opérée, nous ne pouvons que résumer la loi fédérale sur l'émission et le remboursement des billets de banque du

8 mars 1881, sous le régime de laquelle la Suisse se trouve jusqu'à nouvel ordre. Cette loi déclare qu'il appartient au Conseil fédéral d'autoriser l'émission des billets de banque, mais cette autorisation ne peut être refusée si les conditions légales se trouvent remplies : c'était décréter en réalité la liberté d'émission. La Confédération n'assume naturellement aucune garantie pour le remboursement des billets émis, et chaque Banque n'est responsable que de ses propres billets : ceux-ci n'ont d'ailleurs pas cours légal ; mais chaque banque d'émission est tenue d'accepter, en tout temps, en paiement, au pair, ses propres billets, ainsi que ceux des autres banques suisses d'émission, tant que celles-ci remboursent à présentation leurs propres billets (art. 20 de la loi), c'est-à-dire ne sont pas en état de suspension de paiements. Aucune banque ne peut émettre plus du double de son capital versé et réellement existant. L'Assemblée fédérale conserve le droit de fixer, en tout temps et selon les circonstances, l'émission totale de la Suisse et de limiter le montant afférent à chaque banque. Quarante pour cent de l'émission effective d'une banque doivent être constamment couverts par une encaisse métallique, maintenue distincte et indépendante des autres encaisses de la Banque et portée en compte à part. Cette couverture en espèces, destinée exclusivement au rembourse-

ment des billets, ne peut être affectée au service des autres opérations de la Banque et sert de gage spécial aux porteurs des billets (art. 10). Le reste, c'est-à-dire soixante pour cent, doit être couvert par le dépôt de titres ou par le portefeuille ou par la *garantie du canton*. Toute banque d'émission est tenue de rembourser ses billets au pair en espèces ayant cours légal. En vertu de cette loi, 35 banques, avec un capital versé de 157 millions et 26 millions de réserve, avaient, au 31 décembre 1893, émis 181 millions de billets; l'encaisse était de 90 millions, dont 67 en or et 23 en argent.

Voici la liste de ces 35 Banques d'émissions suisses :

Banque cantonale de Saint-Gall	Banque de Lucerne.
— — communale de Bâle.	— de Genève.
— — de Berne.	— cantonale de Zurich.
— — Tessinoise.	— de Schaffouse.
— — de Saint-Gall.	— cantonale Fribourgeoise.
Crédit agricole et industriel de la Broye.	— cantonale Vaudoise.
Banque cantonale de Thurgovie.	Caisse d'épargne du canton d'Uri.
— d'Argovie.	— — et de prêt de Unterwald.
— de Toggenbourg.	Banque cantonale Neuchâteloise.
— de la Suisse italienne.	— commerciale.
— hypothécaire de Thurgovie.	— cantonale de Schaffouse.
— cantonale des Grisons.	— — de Glaris.
— — de Lucerne.	— — de Soleure.
— de commerce de Genève.	— — d'Oberwald.
— cantonale d'Appenzell.	— — de Schwyz.
— de Zurich.	Crédit Tessinois.
— de Bâle.	Banque de l'état de Fribourg.
	— cantonale de Zug.

SCANDINAVIE

Au point de vue monétaire, les trois pays scandinaves, Suède, Norvège et Danemark, sont à l'état d'Union. Ils ont le monométallisme or avec la couronne pour unité. La couronne contient 448 milligrammes d'or à 9/10 de fin : elle équivaut donc à 1 fr. 38 de notre monnaie. Mais au point de vue de la circulation fiduciaire chacun des royaumes a sa législation spéciale.

Au Danemark, la Banque nationale danoise, dont la fondation remonte à 1818, a un capital de 26 752 400 couronnes : son émission de billets, en vertu d'un décret du 2 novembre 1877, peut s'étendre à 30 millions de couronnes au delà de l'encaisse métallique.

La Banque de Norvège, fondée en 1814, a son siège à Christiania ; c'est la seule banque d'émission du pays ; son capital est de 10 millions de couronnes. L'émission de ses billets, qui ont cours légal, ne doit pas dépasser le double de l'encaisse or ; le tiers de cette encaisse peut consister en dépôts chez les correspondants à l'étranger.

En Suède il existe une Banque d'État (la Sveriges Riksbank, fondée en 1656 et devenue institution d'État dès 1668, dont le capital est fourni par la nation et dont l'administration est confiée à une commission élue tous les ans par la Diète. Elle émet des billets, mais sans jouir d'un monopole à cet égard : son capital est de 35 millions de couronnes.

Les billets de la Sveriges Riksbank ont cours légal, la circulation est limitée au montant du capital versé, c'est-à-dire 35 millions de couronnes, plus le montant des crédits en compte courant chez des banques étrangères, plus le montant de la réserve métallique qui ne doit jamais tomber au-dessous de 10 millions de couronnes. Sa circulation actuelle est de 36 millions de couronnes, alors qu'elle pourrait être de 54 millions, savoir : son capital versé, 35 millions, son encaisse, 15 millions, son avoir à l'étranger, 4 millions, au total, 54 millions.

A côté d'elle, il existe une trentaine de banques d'émissions solidaires (Enskilda Bank) que chacun peut fonder moyennant autorisation royale. D'après l'ancienne législation, de laquelle les banques tirent leur nom, les associés devaient être au moins au nombre de trente, leur responsabilité était solidaire et illimitée. Mais la loi a été modifiée par celle du 1er janvier 1887 qui régit maintenant les Skanes Enskilda banker. Le capital minimum de chacune d'elles doit être de 1 million de couronnes; les actionnaires ne sont plus responsables que du montant de leurs actions. La circulation ne doit pas dépasser le total :

1° Du capital social converti en hypothèques;

2° De la partie de la réserve placée en titres hypothécaires;

3° De la moitié du total des créances de la banque;

4° De l'encaisse, moins une réserve en or égale à dix pour cent du capital social.

La circulation est d'environ 58 millions de couronnes. Toutes ces banques, qui sont actuellement au nombre de 27, sont tenues d'échanger leurs billets contre de l'or au siège social; on peut ainsi avoir de l'or dans 27 villes du Royaume. En outre 5 de ces établissements ont une succursale à Stockholm, où elles font échanger à présentation leurs billets contre ceux de la banque de Suède, qui à leur tour sont convertibles en or à présentation. Grâce à cet ensemble de mesures, les billets circulent sans difficulté dans tout le pays à l'égal de la monnaie métallique. L'unité d'étalon et la convertibilité des billets en espèces font que la circulation fiduciaire de la Scandinavie est absolument au pair avec la monnaie métallique.

BULGARIE

La circulation fiduciaire de la Bulgarie est constituée par les billets de la Banque Nationale. Celle-ci, fondée le 8 février 1885, est propriété de l'État, qui a versé son capital, 10 millions de francs en or, à un douzième près. La Banque a le privilége exclusif d'émettre des billets de banque qui sont reçus dans les caisses publiques et dans tous les autres établissements dé l'État. Elle est tenue d'avoir constamment dans ses caisses, en monnaie d'or, une somme égale au tiers de la valeur des billets émis. Ceux-ci sont payables à vue, au porteur et en or, tant au siège central que dans les succursales. L'Administration de la Banque est confiée à un Gouverneur nommé par le Prince, sur la présentation du Ministre des Finances. Il a pour conseillers quatre administrateurs nommés comme lui. Le Gouverneur et les administrateurs ne peuvent être révoqués que par une décision de l'Assemblée Nationale. Le Gouvernement a le droit de surveiller et de contrôler toutes les opérations de la banque. Il est représenté à cet effet par deux délégués, dont le premier est un conseiller à la Cour des Comptes et le second un fonctionnaire du Ministère des Finances.

D'après le bilan au 31 décembre 1893, le fonds de réserve s'élevait à 2 200 000 levs (le lev équivaut au franc), la circulation des billets seulement à 1 230 000, l'encaisse à 6 200 000, et le portefeuille à 8 millions.

Un trait caractéristique de la Banque Nationale de Bulgarie, c'est que ses billets sont remboursables en or, alors que le pays vit sous le régime du bimétallisme et tout récemment a encore fait frapper des monnaies d'argent pour des quantités relativement considérables. Aussi la Banque Nationale a-t-elle sollicité du Gouvernement l'autorisation d'émettre des billets remboursables en argent. Elle a demandé notamment que les coupures de 5 et 10 levs fussent payables en ce métal. La chose ne paraît pas avoir été réglée jusqu'ici.

SERBIE

La Banque Nationale de Serbie a été fondée par la loi du 6 janvier 1883, modifiée et complétée par celle du 23 septembre 1885; son capital est de 20 millions de dinars (le dinar équivaut au franc). Son privilège est fixé à 25 ans. Elle a le droit exclusif d'émettre des billets de banque payables à vue; elle est tenue d'échanger ses billets de 10 dinars contre de l'argent et ceux de 50, 100, 500 et 1 000 contre de l'or. Toutefois elle peut échanger ses billets, dont la valeur est en or, contre de l'argent, dans la proportion établie par le Ministre des finances, sur la demande de la Banque (article 10). La Banque ne pourra jamais mettre en circulation une quantité de billets deux fois et demie supérieure à son encaisse en or, et l'argent pourra être substitué à l'or dans l'encaisse dans la proportion de 25 pour 100 au plus (article 11). Toutes les caisses de l'État ainsi que les caisses soumises à la surveillance du Gouvernement seront tenues d'accepter au pair des billets de la Banque Nationale serbe privilégiée.

D'après le dernier rapport, la circulation était de 24 millions contre une encaisse de 11 millions.

La Banque de Serbie a donc à la fois des billets stipulés en argent et des billets stipulés en or. La disposition par laquelle le Ministre peut autoriser la Banque à rembourser ses billets, stipulés en or, au moyen d'une certaine quantité d'argent, jette sur une partie de la circulation une incertitude qui pourrait à un moment donné avoir des inconvénients sérieux. À l'heure actuelle, une prime sur l'or s'est déjà établie dans le pays. La Banque de Serbie a bien déclaré à un moment donné qu'elle était prête à donner 100 francs d'or contre 115 francs d'argent ou de billets, remboursables en argent; mais ses réserves de métal jaune ne sont pas indéfinies, et il est peu probable qu'elle soit en mesure de continuer longtemps cet échange, annoncé dans une proportion si peu en rapport avec celle des deux métaux sur le marché libre, où 100 francs d'or valent à peu près 220 francs d'argent. Quoi qu'il en soit, cette circulation parallèle de billets remboursables, les uns dans un métal, les autres dans un autre, est digne d'être étudiée : elle contient peut-être, comme nous l'avons dit, le germe d'une solution future du problème monétaire, bien qu'à l'heure actuelle et dans la forme qui lui a été donnée, elle se heurte à des difficultés pratiques considérables.

GRÈCE

La circulation grecque est composée de billets de la Banque Nationale de Grèce, de la Banque Ionienne et de la Banque d'Epiro-Thessalie; une partie de l'émission a été faite par les établissements pour le compte du gouvernement. Le cours forcé qui existait antérieurement avait été supprimé au début de 1883; la prime sur l'or avait alors disparu et l'émission fiduciaire se trouvait ramenée à un chiffre modeste, puisque la quantité de billets à découvert, c'est-à-dire dépassant l'encaisse, n'était que de 39 millions de drachmes ou francs. La Grèce faisant partie de l'Union latine, ses monnaies *réelles* d'or et d'argent sont identiques aux monnaies françaises.

Mais le cours forcé est rétabli depuis le mois d'octobre 1885 et ne semble pas près de disparaître; la prime sur l'or dépasse aujourd'hui 70 pour 100, c'est-à-dire que 100 drachmes en or valent 170 drachmes en billets. Les banques que nous avons citées ont à la fois en circulation des billets pour leur propre compte et des billets émis pour le compte du Gouvernement. Ces derniers s'élèvent à un total de 88 millions de drachmes, dont 78 millions pour la Banque Nationale, 5 1/2 millions pour la Banque Ionienne et 4 1/2 millions pour la banque d'Epiro-Thessalie. Dans ces chiffres se trouvent 14 millions de billets de petites coupures, de 1 et 2 drachmes. L'encaisse métallique des banques paraît avoir en grande partie disparu.

ROUMANIE

Depuis la loi du 4 avril 1867, le système monétaire roumain était le même que le système français. L'unité est le leu (au pluriel lei) qui se divise en 100 bani. La loi du 2 mars 1890 a introduit l'étalon d'or. L'argent a été démonétisé et ne sert plus que de monnaie d'appoint.

La Banque Nationale de Roumanie, fondée en 1880, a le droit exclusif d'émettre des billets de banque au porteur jusqu'au 31 décembre 1912. Le capital de la banque est de 30 millions, dont 12 versés. Un tiers a été fourni par l'État et les deux autres par les particuliers. La somme des billets en circulation doit être représentée par des valeurs facilement réalisables (art. 12). L'encaisse métallique doit être égale au tiers de la somme des billets émis. Le paiement des billets, leur mode d'émission et la quantité pour chaque catégorie, sont déterminés par les statuts de la Banque; trente pour cent du stock métallique peuvent être représentés par un portefeuille sur l'étranger. La valeur de chaque billet ne pourra être inférieure à 20 lei. Au 31 décembre 1892, la circulation était de 142 millions, contre une encaisse en or de 53 millions et des traites en or sur l'étranger pour 14 millions.

Antérieurement à la création de la Banque Nationale, la Roumanie avait émis en 1878 un papier-monnaie d'État garanti par une première hypothèque sur le domaine public, pour 26 200 000 lei. La Banque Nationale a été chargée de retirer ce papier et d'émettre en échange ses propres billets. Le chiffre de cette émission spéciale n'était pas compris dans celui qui se trouve soumis à la limite légale de l'émission. La Banque a fait rentrer dans ses caisses les 26 millions de billets hypothécaires que le Gouvernement, à son tour, lui a remboursés, de sorte qu'à l'heure qu'il est tout vestige de cette circulation d'État a disparu.

TURQUIE

La Banque Impériale Ottomane, au capital de 250 millions de francs dont moitié versée, représenté par 500 000 actions de 500 francs libérées de 250, a reçu le privilège exclusif d'émettre en Turquie des billets au porteur, remboursables à présentation. Ses billets ont cours légal dans les circonscriptions de leur émission et là où des succursales sont établies. Partout ailleurs, ils pourront être reçus dans les caisses publiques, après entente avec le gouvernement (art. 9 des statuts. Le gouvernement s'est engagé à n'émettre aucune espèce de papier-monnaie pendant la concession et à n'autoriser la création d'aucune autre banque ou établissement ayant pareil privilège (art. 12). Le privilège de la Banque, fondée en 1863, expirait en 1893 : mais une convention du 17 février 1875 l'a prorogé de vingt années, c'est-à-dire jusqu'en 1913. La Banque doit maintenir une encaisse au moins égale au tiers de ses billets en circulation.

D'après le bilan au 31 décembre 1892, les billets de banque émis s'élevaient à environ 18 millions de francs et les espèces en caisse à 35 millions de francs, c'est-à-dire presque le double. La Banque Impériale Ottomane a plus d'importance comme agent financier du gouvernement turc que comme banque d'émission. La Turquie se sert principalement de monnaies indigènes et étrangères en or, de monnaies indigènes d'argent et de cuivre.

Le gouvernement, contrairement aux engagements pris vis-à-vis de la Banque Ottomane, avait émis du papier-monnaie *caïme* dont le chiffre s'était élevé jusqu'à près de 400 millions de francs, mais qui est aujourd'hui entièrement retiré.

Nous avons parcouru en Europe, comme il était juste de s'y attendre, la gamme complète des billets de banque, depuis ceux de la Banque d'Angleterre dont la quantité varie automatiquement en proportion de l'or qui entre dans ses caisses et qui est toujours à la disposition des porteurs de billets jusqu'à ceux de la Banque de Russie, dont les émissions se décrètent par ukase et ont cours forcé, depuis ceux de la Banque de France, dont l'encaisse couvre la circulation jusqu'à concurrence des six septièmes, jusqu'à ceux de la Banque de Portugal, où les espèces métalliques ne représentent guère que le cinquième du chiffre des billets, depuis la modeste émission de la Banque d'État bulgare, qui ne dépasse guère le huitième de son encaisse, jusqu'aux 600 millions auxquels va s'élever le total du papier d'État italien. Mais quelle que soit la diversité des organisations, qu'il s'agisse de billets de banque proprement dits ou de papier d'État, il est permis de dire d'une façon générale que toutes les sociétés européennes ont conscience de la nécessité d'assurer, en temps normal, la constante remboursabilité du billet en numéraire. Elle existe pleinement en France, en Angleterre, en Belgique, en Hollande, en Suisse, en Allemagne, en Scandinavie, en Bulgarie, en Roumanie, en Turquie ; elle est abolie en Russie, en Grèce, en Portugal et en Autriche, mais semble à la veille d'être rétablie dans ce dernier pays ; elle n'existe plus en Italie ; enfin l'Espagne et la Serbie sont dans un état intermédiaire où l'or fait prime, mais où le métal argent circule du moins librement et peut s'obtenir en échange du papier. Dans aucun de ces pays la circulation fiduciaire n'atteint les proportions extraordinaires qui se rencontrent dans plusieurs républiques de l'Amérique méridionale. Ni par rapport au chiffre de la population, ni par rapport à celui de l'encaisse ou de la quantité de numéraire existant dans le pays, ni par rapport à la richesse générale de la nation, nous ne voyons les totaux des billets s'élever à des chiffres comparables à ceux du Brésil, dont l'Hôtel des monnaies, symptôme caractéristique, est occupé à graver des assignats, ou de la République Argentine. Les gouvernements européens, en dépit de certaines théories inflationnistes, paraissent tous jusqu'ici avoir conservé la conscience plus ou moins nette du rôle du papier dans les échanges; si plusieurs d'entre eux ont été amenés à transformer la monnaie de papier en papier-monnaie, ils ne l'ont fait que sous l'empire de la nécessité et en se promettant, ou tout au moins en promettant au public, de ne rien épargner pour sortir au plus tôt d'une situation qu'eux-mêmes reconnaissent être anormale et dangereuse.

CHAPITRE XVI

ASIE

COLONIES ET PROTECTORATS FRANÇAIS

La circulation fiduciaire des possessions françaises en Asie est réglée par la Banque de l'Indo-Chine, dont le privilège expire le 21 janvier 1905 (décret du 20 février 1888). Elle a été constituée par ce décret et celui du 21 janvier 1875 dans les termes suivants : une banque d'émission, de prêts et d'escompte est instituée pour les colonies de la Cochinchine, de l'Inde française, de la Nouvelle-Calédonie, ainsi que pour les protectorats du Cambodge, de l'Annam et du Tonkin, sous la dénomination de Banque de l'Indo-Chine. Son capital est de 12 millions de francs, divisé en 24 000 actions libérées du quart. Elle a des succursales à Saïgon, Pondichéry, Haïphong, Nouméa et des agences à Pnom-Penh, Tourane et Hanoï. La Banque est tenue, sur la demande du Ministre de la marine et des colonies, la commission de surveillance des Banques coloniales entendue, d'établir des agences au Cambodge, en Annam, au Torkin, et des succursales ou agences à Nossi-Bé, Mayotte et dépendances et dans les établissements français de l'Océanie, ainsi que des agences dans les ports de la Chine, du Japon, de la mer des Indes et de l'océan Pacifique qui lui seront désignés. Elle émet, à l'exclusion de tous autres établissements, des billets de 1000, 500, 100, 50 et 5 francs. Les billets pourront dans chaque pays être formulés en monnaie locale pour des valeurs correspondant aux coupures ci-dessus.

Le montant des billets en circulation ne peut en aucun cas excéder le triple de l'encaisse métallique. Le montant cumulé des billets en circulation, des comptes courants et des autres dettes de la Banque ne peut excéder le triple du capital social et des réserves, à moins que la contre-valeur des comptes courants et des autres dettes ne soit représentée par du numéraire venant en augmentation de l'encaisse métallique (art. 33 des statuts). Les instruments de fabrication des billets demeurent confiés à la garde de la Banque de France. Le dernier bilan indiquait une circulation totale de 19 millions contre une encaisse de 8 1/2 millions. La plus forte partie consiste en billets de 1, 5, 20 et 100 piastres qui circulent en Indo-Chine, où ils sont acceptés avec la plus grande faveur, concurremment avec les piastres mexicaines et les piastres de commerce frappées par la France. Les billets sont libellés en roupies pour Pondichéry et en francs pour la Nouvelle-Calédonie.

INDES ANGLAISES

La circulation dans les Indes anglaises est exclusivement composée de billets d'État (*promissory notes*). Il existait autrefois des émissions de banques particulières, qui ont toutes été supprimées. La loi de 1893, qui interdit la libre frappe de l'argent, règle la matière. C'est un département de service public qui est chargé d'émettre les billets du gouvernement indien, payables à vue au porteur pour toute somme à partir de 5 roupies, en telles coupures que le gouverneur fixera en conseil; ils sont appelés billets courants (*currency notes*) et le département celui de la circulation de papier (*department of paper currency*). Ces billets ne peuvent être émis qu'en échange de monnaies du gouvernement de l'Inde. Toutes les monnaies reçues seront conservées comme réserve pour servir au remboursement des billets, à l'exception d'un montant maximum de 80 millions de roupies, employé à l'achat de rentes du gouvernement indien. Les billets sont considérés comme garantis par cette réserve aussi bien que par le crédit général du gouvernement indien.

Personne dans l'Inde anglaise n'a le droit de tirer, accepter, créer ou émettre un billet pour le paiement d'une somme à vue au porteur. Exception est faite pour les chèques ou traites tirées sur les banquiers par leurs clients, à condition que ceux-ci aient les sommes correspondantes à leur crédit. On trouve ici trace d'une préoccupation naturelle de la part du législateur au sujet du chèque. Un chèque étant susceptible d'être créé au porteur pourrait circuler de main en main et servir de moyen de paiement dans un nombre infini de transactions à l'égal d'un billet de banque, du moment où la signature de l'émetteur inspire confiance au public. C'est pour éviter cette possibilité de tourner la loi que sont édictées les prescriptions résumées ci-dessus. On en retrouve de semblables dans plusieurs législations anglo-saxonnes.

Le système indien est analogue à celui de la Banque d'Angleterre : les billets ne peuvent être émis qu'en représentation d'espèces reposant dans les caves du gouvernement, à l'exception d'une somme de 80 millions de roupies qui constitue, sous forme de titre de rente, une créance sur ce même gouvernement. L'avantage pour le département d'émission est qu'il encaisse tous les ans le produit de ses coupons.

L'unité monétaire indienne est la roupie d'argent, dont la frappe était libre jusqu'en juin 1893.

Depuis la loi Herschell, votée à cette date par le parlement anglais, cette frappe est suspendue pour les particuliers, et réservée au seul gouvernement, qui s'est engagé à donner en tout temps 15 roupies d'argent contre une livre sterling en or.

La circulation moyenne des billets indiens est d'environ 257 millions de roupies, dont 118 pour le Bengale, 95 pour Bombay, 39 pour Madras et 5 pour la Birmanie. Le département d'émission est dirigé par un commissaire principal, siégeant à Calcutta, et des commissaires à Madras, Bombay et Rangoon, chacun ayant charge d'un district appelé cercle d'émission. Les billets ont cours légal, sauf au lieu d'émission où ils sont remboursables.

JAPON

L'empire du Japon, prompt à s'emparer de toutes les ressources de la civilisation moderne, possède déjà une double circulation : des billets d'État à cours forcé et ceux de banques particulières, dont la principale est la Banque du Japon (*Nipponginko*), destinée d'ailleurs, dans un avenir prochain, à absorber toutes les autres. La Banque du Japon, dont les statuts furent empruntés à ceux des principales banques européennes, a été organisée en 1882. Son capital est de 20 millions de yens d'argent, divisé en actions

nominatives de 200 yens libérées de moitié
le yen contient 26 gr. 956 de métal à 900 millièmes de fin, c'est-à-dire environ 8 pour 100
de plus que notre écu de cinq francs). La Banque
du Japon a un pouvoir d'émission de 85 millions
de yens, qui correspondent à une créance sur
le gouvernement ; le reste de la circulation doit
être, jusqu'à concurrence d'un tiers, couvert par
l'encaisse. Il circule, à côté de ces billets, ceux
des banques nationales, dont le droit d'émission
n'a plus que quelques années à courir, si bien
qu'à la fin du siècle la Banque du Japon sera en
possession du monopole. Elle s'est engagée d'ici
là à retirer de la circulation les billets des autres
banques et ceux du gouvernement. En 1893, il
ne subsistait déjà plus que 23 millions de billets des Banques particulières dites nationales,
contre 122 millions de yens de billets de la
Banque du Japon et 18 millions de papier-monnaie du gouvernement. L'encaisse métallique
de la Banque était d'environ 88 millions de
yens, dont un quart en or et trois quarts en
argent.

CHINE

En Chine, nous ne trouvons rien qui ressemble
à un billet de banque : toutes les transactions se
règlent au moyen du métal argent monnayé ou
en lingots.

PERSE

La Perse a, en 1889, donné à un groupe de capitalistes anglais la concession pour trente ans d'une banque d'émission, qui s'est organisée sous le titre de Banque impériale de Perse. Le capital est de 1 million de livres sterling. L'encaisse métallique doit être au moins du tiers des billets en circulation émis par le siège principal et les succursales; la différence entre la réserve métallique et le montant des billets émis ne doit pas excéder le montant du capital versé. La réserve pourra consister en or ou en argent, dont les deux tiers pourront être en lingots. Si la Perse vient à adopter l'étalon exclusif d'or ou d'argent, les trois quarts de la réserve au moins devront être constitués par le *métal servant d'étalon*. La réserve métallique sera affectée spécialement à satisfaire les demandes des porteurs des dits billets et elle ne pourra être ni donnée en gage, ni employée d'une façon quelconque sans déroger aux obligations contractées vis-à-vis des porteurs. Les billets auront un privilège sur cette réserve métallique, par préférence aux autres créances contre la Banque.

Les billets circulent dans toute la Perse, malgré la panique qui fut un jour provoquée dans les bazars par la nouvelle que le gouvernement les avait refusés. Mais depuis cette époque les rapports entre ce dernier et la

Banque n'ont cessé de devenir plus intimes : en 1892, elle lui a avancé 12 1/2 millions de francs dont il avait besoin pour désintéresser les concessionnaires du monopole des tabacs qu'il avait dû ensuite leur retirer; elle a reçu en retour le droit de se rembourser sur le produit des douanes. Le siège principal est à Londres. Elle a installé des succursales à Téhéran, Ispahan, Tabeiz, Meched, Shivas, Bushir, Bagdad, Basvah et Bombay : à Bagdad la succursale est dirigée par un Français. La circulation ne repose aujourd'hui que sur l'argent. Le nouveau Kran contient 4 gr. 6 d'argent à neuf dixièmes de fin. La Banque de Perse a bien émis des billets en tomans d'or (1 toman = 10 kran); mais il ne s'agit là que d'une monnaie de compte.

AUTRES PAYS D'ASIE

En Turkhestan, en Boukharie, dans toute l'Asie centrale, le rouble russe circule. Il en est naturellement de même en Sibérie. L'Afghanistan se sert de monnaies d'or et de la roupie indienne.

Le royaume de Siam a, depuis 1893, un papier-monnaie dont les coupures sont de 1, 5, 10, 20, 40, 80, 400 et 800 *ticals*. Le tical est une monnaie d'argent qui contient 13 gr. 81 de métal fin.

Ainsi que cela est aisé à pressentir, la circulation fiduciaire joue en Asie un rôle peu important. En dehors du Japon qui, sous ce rapport comme sous bien d'autres, s'est assimilé les perfectionnements qu'on pourrait parfois appeler les exagérations du monde moderne, il ne circule pas en Asie de billets à cours forcé. Même dans les possessions françaises et anglaises, le papier n'est que la stricte représentation des espèces contre lesquelles il est toujours échangeable : exception doit être faite pour la Sibérie, les possessions russes et leurs voisins limitrophes, qui s'habituent peu à peu au rouble inconvertible, au billet de crédit gravé à Saint-Pétersbourg. Quant aux Chinois, ils ont une conception qu'on pourrait qualifier de purement pondérable de la monnaie, et ne s'occupent que du poids et du titre de l'argent qu'on leur présente : le nom, la forme et l'effigie du lingot n'ont d'importance pour eux que si la signature dont il est revêtu leur inspire assez de confiance pour supposer accomplies les opérations de vérification et d'essai auxquelles ils sont toujours disposés à se livrer. La circulation chinoise est formée en partie de pièces étrangères, piastres mexicaines, françaises ou autres, qui sont revêtues d'une série de poinçons constatant les vérifications successives. Ces poinçons finissent par donner au disque l'aspect d'une plaque de blindage sur laquelle des essais de tir répétés ont été faits. Un peuple aussi désireux de connaître à chaque transaction la valeur tangible de ce

qu'il reçoit en paiement n'accordera pas en un
jour sa confiance au billet de banque; il s'ac-
commodera malaisément du billet à cours forcé.
Nous ne pensons pas qu'il faille ni l'en plaindre
ni l'en blâmer.

CHAPITRE XVII

AFRIQUE

ALGÉRIE

La Banque de l'Algérie (capital : 20 millions de francs, divisé en 40 000 actions de 500 francs) a le monopole de l'émission en Algérie. La loi du 4 août 1851 l'autorise, à l'exclusion de tous autres établissements, à créer des billets au porteur de 1 000, 500, 100 et 50 francs, remboursables à vue au siège social (art. 4). Le privilège, primitivement concédé pour vingt ans, fut prorogé jusqu'au 1er novembre 1891 par le décret du 15 janvier 1868, puis jusqu'au 1er novembre 1897 par la loi du 3 avril 1880. Il expire donc la même année que celui de la Banque de France. Ces billets sont reçus comme monnaie légale par les caisses publiques et les particuliers.

L'article 6 de la loi fondamentale de 1851

disait : « Le montant des billets en circulation cumulé avec celui des sommes dues par la Banque en compte courant ne pourra excéder le triple du numéraire existant en caisse.

« L'excédent du passif sur le numéraire en caisse ne pourra dépasser le triple du capital réalisé. »

Cette dernière disposition fut abrogée en 1880.

Les billets, traites et mandats émis par la Banque et ses succursales sont affranchis de la formalité préalable du timbre proportionnel. Ils sont remboursables à vue au siège de la Banque et dans ses succursales (Oran, Constantine, Bone, Philippeville, Tlemcen). La Banque n'est tenue à rembourser que les billets qui lui sont effectivement représentés. Aucune action ne peut lui être intentée, en cas de perte ou de destruction, pour quelque cause que ce soit. Le capital de la Banque a été placé en fonds français. Le directeur est nommé par décret du Président de la République sur la proposition du ministre des finances. La circulation actuelle est de 61 millions.

La loi du 12 août 1870 avait donné cours légal et cours forcé aux billets de la Banque de l'Algérie, et fixé le maximum d'émission à 18 millions. La loi du 3 septembre 1870 porta cette limite à 24 millions, celle du 26 octobre à 34 millions : la même loi autorisa la Banque à faire des avances à l'État jusqu'à concurrence de 10 millions de francs. La loi du 26 mars 1872 éleva le maximum d'émission à 48 millions, en autorisant la Banque de l'Algérie à émettre des billets de même coupure que la Banque de France. La loi du 3 avril 1880 a enlevé cette limite fixée à l'émission, qui est désormais déterminée par le conseil d'administration, sous les conditions fixées par la loi constitutive de 1851. La Banque de l'Algérie était, au 31 mars 1894, débitrice d'une somme importante vis-à-vis du Trésor (68 millions), qui provient des crédits sur France, que celui-ci ouvre à la Banque, afin de lui permettre de régler les échanges de l'Algérie avec la mère patrie, lorsque la première est débitrice par solde de la seconde, comme cela a été le cas dans les derniers temps.

SÉNÉGAL

La Banque du Sénégal fait partie du groupe de nos banques coloniales, qui comprend encore celles de la Guadeloupe, de la Martinique, de la Guyane et de la Réunion. La Banque de l'Indo-Chine s'y rattache : mais comme elle a été fondée un quart de siècle après les précédentes, et qu'elle répondait à d'autres besoins, elle a reçu une constitution différente ; nous placerons ici un certain nombre de considérations communes aux cinq premières.

Fondées en vertu de la loi du 30 avril 1849,

organisées conformément aux dispositions de la loi du 11 juillet 1851, elles sont régies par des statuts annexés à la loi du 24 juin 1874. Chacune a le privilège d'émettre des billets au porteur de 500, 100, 50, 25 et 5 francs, ayant cours seulement dans la colonie et remboursables au siège social. Le montant des billets en circulation ne peut dépasser le triple de l'encaisse métallique; il ne peut, joint au montant des comptes courants créditeurs et des autres dettes, dépasser le triple du capital social, à moins que la contre-valeur de ce montant ne soit représentée par du numéraire venant augmenter l'encaisse métallique.

La durée commune des banques avait été fixée à vingt ans, soit jusqu'en 1871; elle fut, en 1874, prorogée pour une période égale, en sorte que c'est cette année même (1894) que le renouvellement devra avoir lieu.

Le directeur est nommé par décret. L'un des administrateurs est de droit le trésorier-payeur de la colonie. Il existe auprès du ministre des colonies une commission de surveillance pour les six Banques. Cette commission se compose de neuf membres, dont l'un est un conseiller d'État; quatre sont désignés par le ministre des colonies, deux par le ministre des finances et deux élus par le conseil général de la Banque de France. La commission de surveillance rend compte chaque année de la situation des six établissements dans un rapport adressé au Président de la République. Ils sont représentés à Paris par une agence centrale des Banques coloniales, dont le chef est nommé par le ministre des colonies. C'est par lui que se font toutes leurs opérations avec la métropole.

Le capital de la Banque du Sénégal est de 600 000 francs, divisé en 1 200 actions de 500 francs nominatives. Sa circulation l'an dernier était d'environ un million contre 750 000 francs d'encaisse.

RÉUNION

La Banque de la Réunion, dont le capital est de 4 millions, divisé comme celui de la Banque du Sénégal en actions de 500 francs libérées nominatives, avait en dernier lieu 8 millions de circulation contre environ 3 millions d'encaisse. Elle a traversé récemment une crise qu'on attribue en partie au développement excessif de ses prêts sur marchandises.

COLONIES PORTUGAISES

Les colonies portugaises d'Afrique ont pour banque celle d'outre-mer (*Banco ultramarino*) qui a son siège à Lisbonne, où elle a été fondée en 1864. Au cap Vert, aux îles Saint-Thomas et des Princes, ainsi qu'à la Guinée portugaise, le système monétaire portugais est en vigueur et les billets du Banco ultramarino sont reçus au pair. Mozambique ne se sert que de piastres mexicaines et de thalers Marie-Thérèse et n'emploie pas de papier.

TRANSVAAL

La Banque nationale de la République Sud Africaine Transvaal à Pretoria avait au 31 décembre 1893 une circulation de billets d'environ 100 000 livres sterling, soit 2 1/2 millions de francs (le système monétaire anglais a été adopté par les Boers). Elle a été fondée en 1891 au capital d'un million de livres sterling (exactement L stg 1 002 000) avec pouvoir de le quadrupler. Le capital actuellement versé est de L stg 502 000. Le même bilan indiqué plus haut porte une encaisse de 835 000 livres sterling, c'est-à-dire égale à plus de huit fois la circulation. On voit qu'on est dans le pays de l'or et que la proportion du papier au métal est l'inverse de ce que nous voyons dans la plupart des Banques d'émission du monde.

LIBERIA

La minuscule République de Liberia, qui compte en dollars américains, est sous le régime du papier-monnaie émis par le gouvernement; la plus petite coupure est d'un demi-dollar.

ÉTAT LIBRE D'ORANGE

La Banque nationale, au capital de cent mille livres sterling (2 1/2 millions de francs), avait en 1893 une circulation de moins de deux contre une encaisse de plus de trois millions de francs.

En dehors des colonies françaises, anglaises et portugaises, et des États indépendants fondés par des Européens, tels que la République Sud Africaine, nous ne trouvons pas en Afrique matière à des études de quelque intérêt au point de vue de la circulation fiduciaire : le lecteur ne s'en étonnera pas. Il n'en sera pas de même dans le Nouveau-Monde, auquel l'ordre de notre exposé nous amène maintenant.

CHAPITRE XVIII

AMÉRIQUE DU NORD

ÉTATS-UNIS

Les États-Unis de l'Amérique du Nord nous offrent le spectacle d'une multiplicité particulièrement instructive de signes fiduciaires. Nous y trouvons côte à côte le billet d'État et celui des banques nationales ; la liberté des banques y permet même en principe l'émission de billets par les banques particulières des divers États dont la réunion forme la Confédération (*State Banks*) : mais une taxe de dix pour cent, imposée à cette circulation par une loi fédérale, agit d'une façon prohibitive.

Nous étudierons d'abord les divers types de billets émis par la Trésorerie, qui est le ministère des finances des États-Unis.

L'organisation en remonte à 1846 : on l'appelle parfois Trésorerie indépendante, afin d'indiquer qu'elle fut en grande partie fondée pour permettre au gouvernement de gérer lui-même ses deniers, sans être tenu de recourir aux banques particulières. Auparavant avait existé la Banque des États-Unis, à laquelle le président Jackson retira en 1833 le dépôt des fonds gouvernementaux pour les répartir entre un grand nombre de banques particulières des États. Les inconvénients de ce système amenèrent le président Van Buren à réclamer l'établissement de la Trésorerie qui fonctionne maintenant depuis près d'un demi-siècle, et qui, dès le début, rendit à l'Amérique le grand service de contribuer à la reprise des paiements en espèces.

Des diverses émissions de billets d'État aujourd'hui en cours, la plus ancienne est celle des billets des États-Unis, vulgairement nommés *greenbacks* (les dos verts, à cause de la couleur du verso). La création en remonte aux années 1862 et 1863, au fort de la guerre de Sécession, époque de laquelle date presque entièrement le système financier actuel du pays, tant au point de vue des impôts qu'à celui du régime fiduciaire, sauf les dernières créations de monnaies d'argent. Trois émissions de greenbacks furent faites pour un total de 346 681 016 dollars (le dollar vaut 5 fr. 18), qui figurent encore aujourd'hui dans les comptes du Trésor. Ces billets eurent cours forcé dès leur origine et constituérent ainsi un véritable emprunt sans intérêt, justifié par les nécessités de la guerre. Depuis 1879, en vertu de la loi de reprise des paiements en espèces (*Resumption bill*), ils sont remboursables en or à vue : à cet effet une réserve spéciale d'or, qui ne devait jamais descendre au-dessous de cent millions de dollars mais qui a été fréquemment inférieure à cette limite, est conservée dans les caves du Trésor. Elle n'atteint pas aujourd'hui les deux tiers de ce chiffre.

Une seconde catégorie de papier émis par la Trésorerie est constituée par les certificats d'or (*gold certificates*), qui ne sont à vrai dire que des récépissés de dépôt, entre les mains des agents fiscaux, de monnaies d'or : le montant en figure à l'actif et au passif du Trésor pour la même somme. On n'a donc pas à en tenir compte lorsqu'on suppute le total de la circulation fiduciaire. Le montant actuel en est d'environ 80 millions de dollars.

Les certificats d'argent (*silver certificates*) sont émis en représentation des dollars d'argent (*standard silver dollars*) frappés en vertu du Bland bill de 1878, qui ordonnait l'achat mensuel et la frappe de 2 millions de dollars de ce métal. Le chiffre actuel en est de 333 millions de dollars.

Les certificats émis contre dépôt de monnaie légale (*currency certificates*) pour un montant d'environ 22 millions sont également une sorte de récépissé que le gouvernement délivre aux particuliers, pour la plus grande commodité des transactions, en échange de billets ayant force libératoire : elles ne constituent pas non plus un véritable passif du Trésor, puisqu'il a en caisse, à titre de dépôt, l'exacte contre-partie de ces certificats.

Les billets du trésor proprement dits (*treasury notes*) datent de 1890. Le 14 juillet de cette année fut votée la célèbre loi (*Sherman act*) qui remplaçait le Bland bill de 1878 et ordonnait l'achat mensuel par le Trésor de 4 1/2 millions d'onces d'argent au prix maximum de 1 dollar 29 cents l'once (environ 6 fr. 68 les 31 gr. 1). A la différence de la loi de 1878, la loi Sherman n'exigeait pas le monnayage de l'argent acheté, lequel a été conservé en lingots dans les caves de Washington : afin de payer les achats, le Trésorier était autorisé à émettre un chiffre de billets (*treasury notes*) égal à celui des dollars qu'il avait à débourser pour l'achat de ces 54 millions d'onces par an. Le prix de l'argent, à de rares intervalles près, n'ayant cessé de baisser depuis lors, le Trésor a obtenu des quantités d'argent de plus en plus considérables pour le même nombre de dollars, jusqu'à ce que la loi d'octobre 1893 soit venue mettre un terme à cette accumulation de métal et à cette émission à jet continu de papier gagé par l'argent. Le chiffre des billets du trésor créés en vertu de la loi Sherman s'élève à 152 millions.

Ces billets, aussi bien que les certificats d'argent, ont pour gage direct et spécial le métal qui est à la Trésorerie : mais, chose curieuse, il résulte de la constitution des billets du trésor que chaque dollar de ce papier est représenté par une plus grande quantité d'argent que le dollar du certificat d'argent. Celui-ci correspond à 24 grammes de métal fin contenus dans le dollar des États-Unis (*standard dollar*), lequel est frappé dans la proportion de 1 à 16 par rapport au dollar d'or (exactement 1 à 15, 99). Au contraire, si on divisait par 152 millions, chiffre des billets du trésor en circulation, le poids total des lingots d'argent qui leur servent de gage, on trouverait que chaque dollar est représenté par plus de 30 grammes. Nous avons déjà signalé cette situation curieuse au chapitre vi du présent ouvrage.

Elle s'explique par la circonstance que la moyenne des achats du métal blanc a été faite à un cours qui permet d'acquérir environ 30 grammes d'argent par dollar d'or. Le Parlement américain a voulu récemment tirer parti de cette situation en ordonnant le monnayage de dollars sur l'ancien pied de 1 à 15, 99, ce qui permettrait de créer plus de 50 millions de dollars ou de certificats d'argent nouveaux : mais le président Cleveland a opposé son veto au vote de la Chambre et du Sénat.

En faisant abstraction des certificats de dépôt,

nous pouvons dire que la circulation d'État comprend deux grandes catégories : les *green-backs* et les billets gagés par l'argent. Si le gouvernement s'en tenait à son droit strict, qui serait de ne rembourser en or que les premiers, il s'établirait entre les deux espèces de papier une différence de cours égale à l'écart entre la cote de l'argent sur le marché libre des métaux précieux et le rapport dans lequel sont constitués les dollars d'or et ceux d'argent. Cet écart serait plus faible entre les *greenbacks* et les *treasury notes* qu'entre les *greenbacks* et les *silver certificates* pour la raison exposée ci-dessus. C'est la crainte de voir les États-Unis entrer dans cette voie et sanctionner ainsi l'existence de deux dollars différents qui a provoqué la terrible crise de 1893, laquelle ne s'est terminée que par le rappel de la loi Sherman. Aujourd'hui l'étalon d'or, qui pratiquement n'a jamais cessé d'être en vigueur, est une fois de plus confirmé. La Trésorerie fournit de l'or directement ou indirectement à tout porteur de l'un quelconque de ses billets.

A côté de ces billets d'État circulent les billets des banques dites nationales. Celles-ci sont des établissements privés qui peuvent se fonder en nombre illimité dans toute ville de la République, et émettre des billets (*notes*) à condition de se soumettre aux prescriptions de la loi fédérale du 25 février 1863. Cette loi a établi en même temps que les billets des banques nationales pouvaient servir à toute recette et paiement publics, sauf les droits de douane et les intérêts de la dette.

Le capital de chaque banque ne doit pas être inférieur à 50 000 dollars dans les villes de 6 000 habitants, 100 000 dollars dans les villes de 6 000 à 10 000 habitants, et 200 000 dollars dans les villes d'une population supérieure à 50 000 habitants. La circulation des billets ne dépassera pas 90 pour 100 du capital de la banque lorsqu'il est de 500 000 dollars, 80 pour 100 s'il est d'un demi à un million de dollars, 70 pour 100 de un à trois millions et enfin 60 pour 100 si le capital est supérieur à trois millions de dollars. En aucun cas cette circulation ne dépassera 90 pour 100 du pair ou du cours de la Bourse, s'il est inférieur au pair, des fonds d'État (obligations du gouvernement fédéral) que ladite banque devra posséder et déposer aux mains du contrôleur de la circulation. Le minimum de ce dépôt est fixé à un chiffre égal au quart du capital pour les banques d'un capital de 150 000 dollars et au-dessous, à 50 000 dollars pour les autres.

La garantie fondamentale des billets est donc constituée par les titres de Rente américaine qui reposent dans les caves du Trésor. Le capital et les réserves de chaque banque forment une garantie additionnelle.

La loi a fixé à 354 millions de dollars le maximum de l'émission des billets des banques nationales pour le pays tout entier ; mais on est loin de ce chiffre. C'est en décembre 1873 que la circulation des banques avait touché son maximum : elle s'est élevée, alors, à 341 millions de dollars. Elle a été au point le plus bas en octobre 1890, date à laquelle elle n'atteignait que 122 millions de dollars.

L'exiguïté de la circulation s'explique par la rapide décroissance de la Dette publique à intérêt des États-Unis, dont le montant ne s'élève plus aujourd'hui qu'à environ trois milliards de francs. De plus, ces titres sont presque tous cotés à une très forte prime, ce qui rend la perspective d'un prochain remboursement au pair particulièrement onéreuse. Les banques, ne pouvant émettre que 90 pour 100 de la valeur nominale des obligations, trouvant beaucoup de difficulté à les acquérir sans payer un prix excessif, et devant faire entrer en ligne de compte la perte considérable à subir au jour du remboursement au pair, ont diminué cette partie de leurs affaires et restreint leur émission de billets.

Le contrôleur de la circulation est un fonctionnaire fédéral installé au ministère des finances (*treasury*) à Washington, et de qui relèvent toutes les banques nationales de tous les États de l'Union.

Le gouvernement exerce une surveillance active et incessante sur ces établissements, dont le nombre était au 30 septembre 1892, d'après le dernier rapport officiel publié, de 4 797. Il convient d'observer que près d'un quart de ces établissements sont inactifs au point de vue qui nous occupe, c'est-à-dire n'usent point de leur droit d'émission.

D'après le bilan général publié le 16 août 1893 par le contrôleur de la circulation, le capital-actions des banques nationales était de 685 millions de dollars, leur réserve légale de 250 millions et leur fonds de prévoyance de 94 millions. La circulation totale n'était que de 155 millions, les dépôts du public de plus d'un milliard et demi de dollars, sur lesquels la plupart du temps les banques ne paient pas d'intérêt [1].

A l'actif figuraient les titres de Rente des État-Unis pour 176 millions : les neuf dixièmes de ce chiffre représentaient à peu près exactement celui de l'émission des billets. Elles avaient employé 2 milliards de dollars (environ 10 400 000 000 francs) en prêts et escomptes.

Les billets sont imprimés par les soins du gouvernement : chacune des banques nationales reçoit des billets pour le montant qu'elle est autorisée à émettre. Le gouvernement se charge également du remplacement des billets usés et

___

1. En avril 1894, la circulation a remonté à 207 millions.

fournit un billet neuf en échange de la remise
d'au moins les trois cinquièmes de l'ancien
billet. Depuis 1874, les banques sont tenues de
fournir un fonds de 5 pour 100, lequel est spécialement destiné à subvenir aux frais de remplacement des billets : les Américains appellent
cette opération rachat (*redemption*).

D'après la législation des États-Unis, les billets des banques nationales n'ont pas, par eux-
mêmes, force libératoire ; ils ne sont pas *legal
tender*; mais la Trésorerie fédérale rachète en
monnaie légale (*lawful money*) tous les billets
des banques nationales. Il y a là une complication qu'on pourrait supprimer en décrétant
purement et simplement que les billets des
banques nationales sont monnaie libératoire,
ce qui, vu les garanties dont ils sont entourés,
n'aurait rien d'excessif.

Avant d'autoriser l'ouverture d'une banque
nationale, le bureau de l'organisation (*organisation division*) examine si les statuts sont en
règle et si le dépôt de Rente a été fait correctement à la Trésorerie. La division des rapports
(*report division*) contrôle les bénéfices, les situa-
tions et les rapports des banques.

La seule taxe que les banques payent au gouvernement est de 1/2 pour 100 par semestre
sur la circulation. Leur dernière contribution
de ce chef a été de 1 330 000 dollars.

La plus petite coupure des billets des banques nationales est de 5 dollars ; les autres sont de 10, 20, 50, 100 dollars. Les États de l'est et du centre de l'Amérique se servant presque exclusivement de papier dans toutes leurs transactions — la Californie seule a conservé une préférence manifeste pour l'or, — l'usure des billets, surtout ceux de moindre valeur, est très rapide. Le travail de remplacement est donc considérable, mais il est organisé avec une telle perfection que les erreurs sont pour ainsi dire nulles, bien que la moitié de la circulation environ soit renouvelée tous les ans.

Il y a chaque jour à Washington, à la Trésorerie, un mouvement de billets des différentes banques, lesquels arrivent de tous côtés, et sont aussitôt comptés, classés et triés dans des bureaux, composés presque exclusivement de femmes. La Trésorerie renvoie aux banques émettrices ceux qui sont en bon état (*fit*), elle remet au contrôle de la circulation les billets en mauvais état (*not fit*) ; le contrôle les détruit et les remplace par des billets neufs qu'il renvoie, à son tour, aux banques ; celles-ci en sont débitées et les remboursent à la Trésorerie ou à ses différentes agences.

Sans entrer plus avant dans le détail du système, qui mériterait à lui seul un examen approfondi, il convient seulement de se souvenir que les billets des banques nationales sont spécialement garantis par les titres de Rente déposés à la Trésorerie. C'est là un système discutable et même critiquable en soi; il ne donne pas de mauvais résultats dans un pays où le gouvernement jouit d'un crédit de premier ordre; dans la République Argentine, au contraire, il a eu des conséquences déplorables. Aux États-Unis, les porteurs des billets des banques nationales, grâce à la double garantie que nous avons indiquée, n'ont jusqu'ici jamais perdu un centime; on a même calculé que, si les banques devenues insolvables n'avaient pas déposé des titres de Rente au Trésor, la perte des porteurs de billets n'eût pas atteint 30 000 dollars par an, c'est-à-dire qu'en réalité elle eût été nulle : les autres éléments de l'actif des banques suffisaient à eux seuls à assurer le remboursement presque intégral des billets.

Certaines personnes en concluent que, au lieu d'exiger ce dépôt de titres de Rente, il suffirait d'imposer aux diverses banques l'obligation de payer une légère taxe proportionnelle à leur circulation, qui servirait à constituer un fonds d'assurance commun, lequel pourrait être alimenté, par exemple, au moyen du prélèvement de 1/10 pour 100 sur la circulation moyenne.

Les Américains se préoccupent des moyens de donner plus d'élasticité à leur circulation : on a proposé, entre autres, de supprimer la taxe de 10 pour 100 qui empêche les banques des États particuliers d'émettre des billets; il a été répondu que ces banques n'étant pas contrôlées par le gouvernement central, pourraient arriver rapidement, là où la surveillance du gouvernement local ne s'exercerait pas avec une sévérité suffisante, à émettre des billets en excès et à causer ainsi des pertes au public. Les partisans de la complète liberté des banques répondent que le public apprendrait vite à discerner les bons des mauvais crédits; ils insistent pour qu'on permette à ces établissements de reprendre l'émission des billets; ils ont peur que l'organisation d'une banque centrale ne mette quelque jour aux mains des politiciens une planche à assignats, dont ils craignent de les voir faire un mauvais usage; ce serait une arme entre les mains des *inflationistes*, c'est-à-dire de ceux qui, au delà comme en deçà de l'Atlantique, croient qu'une nation s'enrichit en augmentant le nombre des *signes* de la richesse.

Une réforme plus modeste, mais plus pratique, consisterait à autoriser les banques nationales à émettre des billets jusqu'à concurrence de l'intégralité du capital nominal des fonds fédéraux qu'elles ont déposés à la Trésorerie, et non pas seulement pour les neuf dixièmes de ce chiffre. Même si cette petite réforme est adoptée, il y a lieu de songer à l'avenir et à l'époque possible où les États-Unis auraient racheté la totalité de leur Dette. Il faut envisager cette hypothèse, bien que la condition présente des budgets américains, où les excédents semblent devoir faire place à d'assez gros déficits, au moins pour l'année 1893-1894, soit de nature à en retarder la réalisation. Le jour où il en sera ainsi, les banques nationales ne pourraient plus émettre un seul billet, si la législation n'avait pas été modifiée. Il faudra donc examiner la question de savoir si on procédera à un remaniement complet du système, ou bien si on en gardera les lignes principales en se bornant à substituer aux titres de Rente nationale d'autres dépôts fournis par les banques au Trésor en garantie de leurs billets. Déjà on a parlé d'obligations de chemins de fer, d'obligations municipales de premier ordre comme pouvant éventuellement remplacer les titres de Rente nationale. Quant au métal-or, il ne semble pas que son admission à ce titre puisse soulever d'objection. Le livre de M. David Kinley sur « la Trésorerie indépendante des États-Unis » esquisse à cet égard un plan de réorganisation qu'il est intéressant d'étudier à la fois au point de vue des banques et de la Trésorerie, à laquelle il voudrait faire rendre de nombreux services par les établissements particuliers d'émission.

En résumé, la circulation américaine est couverte par de l'or, de l'argent et des titres de Rente nationale. La proportion d'or est aujourd'hui très faible : 10 pour 100 environ; celle d'argent atteint 490 millions de dollars, soit près de 60 pour 100. Cependant, si, au lieu de nous borner à faire entrer en ligne de compte l'or qui repose à la Trésorerie (en dehors de celui qui garantit directement les gold certificates), nous calculions celui qui repose dans les caisses des banques nationales et qui, à tout bien considérer, sert de couvérture partielle aux billets de ces banques, nous trouverions une proportion de métal jaune supérieure. Quoi qu'il en soit, à l'heure actuelle, chaque porteur de l'un quelconque des billets des diverses catégories que nous avons énumérées compte pouvoir en obtenir le payement en or. Cette sécurité où il vit résulte en majeure partie du crédit du gouvernement des États-Unis, lequel n'a cessé de répéter qu'il était prêt à payer en or tous ses billets, et en dernier lieu, de la cessation des achats d'argent par le Trésor. Car la disponibilité effective du métal jaune est maigre en elle-même, et la proportion de ce stock d'or, par rapport aux billets, inférieure à celle qui se rencontre dans les autres grands pays. La Banque d'Angleterre a presque autant d'or en caisse que de billets en circulation; la Banque de France, la Banque de l'empire allemand en ont à peu près moitié. D'autre part, on ne peut pas dire que le montant total de la circulation américaine, qui s'élève à environ 800 millions de dollars, soit excessif pour un pays grand comme l'Europe et dont la population est déjà de 65 millions d'habitants. Le problème à résoudre n'est donc pas, comme chez certaines nations qui ont abusé du papier, d'en réduire le volume, mais de donner une base assurée à cette circulation de papier, en écartant la menace d'une substitution arbitraire de l'argent à l'or.

En admettant que le total des billets d'État soit maintenu aux environs du chiffre actuel, c'est sur les billets des banques nationales que l'attention des réformateurs devra se concentrer. L'honorable C.-N. Jordan, trésorier des États-Unis, proposait à cet effet dès 1888 de créer une *Associated national Bank* à New-York. Le capital de cette banque eût été souscrit par toutes les autres banques du pays. La banque n'eût été autorisée à émettre des billets qu'en temps extraordinaire, lorsque, par exemple, le taux de l'intérêt se fût élevé à New-York à plus de 8 pour 100.

Nous n'avons pas craint de nous étendre sur la constitution du régime fiduciaire des États-Unis, d'abord parce qu'il s'agit d'un pays dont l'importance économique est considérable et ne cesse de croître chaque jour, ensuite parce que la complication du système en rend l'étude particulièrement instructive. Nous donnons ci-après la traduction des règles édictées par la Trésorerie pour l'émission de la monnaie de papier des

États-Unis (*Issue of United States currency*) (12 septembre 1891) :

1. Le Trésorier remettra des billets des États-Unis neufs par exprès, aux frais du destinataire, selon le barème du Gouvernement, ou par pli chargé postal, franc de port, aux risques du destinataire, en échange de billets des États-Unis impropres (*unfit*) à la circulation, de billets des banques nationales, de monnaies d'argent divisionnaires ou de billon.

2. Les certificats d'or sont émis contre dépôt de monnaies d'or à la Trésorerie ou à une sous-trésorerie, par fractions d'au moins 20 dollars.

3. Les certificats d'argent sont émis par le trésorier ou les assistants-trésoriers contre dépôt de dollars d'argent standard, ou en échange de certificats impropres à la circulation, qui seraient renvoyés pour être rachetés.

4. Les billets du Trésor de 1890 sont émis en paiement des lingots d'argent achetés en vertu de la loi du 14 juillet 1890 [1] ou en échange de billets impropres à la circulation renvoyés pour être rachetés.

Voici maintenant le règlement pour le rachat des billets d'État (*Redemption of United States Paper currency*) :

11. Les billets des États-Unis, les billets de circulation divisionnaire (*fractional currency*

___

1. Cette disposition ne s'applique plus depuis l'abrogation de la loi en octobre 1893.

notes), les certificats d'or et d'argent, les billets du trésor de 1890 sont rachetables par le Trésorier et, pourvu que les trois cinquièmes au moins en soient représentés, par les assistants-trésoriers, au pair. Les billets des États-Unis sont rachetables en numéraire, par fraction d'au moins 50 dollars, par les assistants-trésoriers de New-York et de San Francisco. Les certificats d'argent ne sont rachetables qu'en dollars d'argent ou échangeables contre d'autres certificats d'argent.

12. Les billets des États-Unis, les billets de circulation divisionnaire, les certificats d'or et d'argent, les billets du trésor de 1890 lorsqu'ils sont mutilés de façon à ce que moins des trois cinquièmes, mais plus des deux cinquièmes en soient représentés, sont rachetables par le seul trésorier à moitié de leur valeur.

Voici enfin les articles principaux du règlement pour le rachat des billets des Banques Nationales (*Redemption of national Banknotes*) :

14. Les billets des banques nationales sont rachetables par le Trésorier en sommes de 1000 dollars et multiples.

15. Les billets qui ont au moins les trois cinquièmes de leur surface originaire, portant le nom de la Banque et la signature de l'un de ses fonctionnaires, sont rachetables au pair.

16. Les billets dont il reste moins des trois cinquièmes, ou auxquels les deux signatures

manquent, ne sont pas rachetables par le Trésorier, mais doivent être présentés à la Banque émettrice.

18. Comme il a été décidé que des billets de banques nationales, volés avant d'avoir été signés et mis en circulation avec des signatures fausses, ne constituent pas des obligations valables (*obligatory promissory notes*), le Trésor ne les rachète pas.

CANADA

Le voisin septentrional des États-Unis, le *Dominion of Canada*, vers lequel se tournent de temps à autre les regards tendres ou menaçants des partisans de la *Greater America*, possède un système fiduciaire qui n'est pas sans analogie avec celui que nous venons de décrire, tout en étant plus simple.

Le Canada a les billets du Gouvernement (*Dominion notes*) dont la circulation s'élève à environ 18 millions de dollars, en coupures de 4, 2, 1, 1/2 et 1/4 de dollars, et les billets de banques particulières. L'étalon est d'or sans qu'il y ait de monnaies d'or nationales : le dollar d'or américain circule, ainsi que la livre sterling anglaise qui est monnaie légale au cours de 4,86 2/3 dollars.

Les banques incorporées (*incorporated banks*) sont sous la surveillance du Gouvernement et sous le régime de la loi du 16 mai 1890 (53 Victoria, acte concernant les banques et le commerce de banque). Voici les articles qui règlent l'émission des billets :

Art. 51. Chaque banque pourra émettre et reémettre des billets payables au porteur sur demande et destinés à la circulation, mais elle n'émettra aucun billet pour une somme de moins de cinq piastres (dollars) ou pour une somme qui ne sera pas un multiple de cinq piastres; le montant total de ces billets restant en circulation, ne dépassera en aucun temps le chiffre du capital social versé et intact de la banque.

Une disposition spéciale limite à 75 pour 100 du capital versé l'émission de la Banque du Peuple de Montréal et de la Banque de l'Amérique britannique du Nord. Si ces banques veulent dépasser ce chiffre, elles devront pour tout l'excédent déposer, entre les mains du ministre des finances, du numéraire ou des effets publics du Gouvernement du Canada.

Art. 53. Les billets émis ou reémis par chaque banque et destinés à la circulation, et alors en circulation, de même que tout intérêt payé sur ces billets, ainsi que ci-après prescrit, constitueront une première charge sur l'actif de la banque dans le cas où elle deviendrait insolvable. (Ces billets portent intérêt à 6 pour 100 l'an à partir du jour de la suspension des paiements.)

L'article 54 ordonne que chaque banque à

laquelle s'applique le présent acte devra verser entre les mains du ministre des finances une somme égale à 5 pour 100 du chiffre moyen de ses billets en circulation durant les douze mois antérieurs. Les sommes ainsi versées et retenues formeront un fonds de rachat de la circulation des banques. Dans le cas où une banque suspendrait le paiement en espèces ou en billets fédéraux de ses engagements à échéance, le fonds servira au remboursement de tous les billets émis par cette banque.

Art. 55. Chaque banque prendra les mesures nécessaires pour assurer la circulation au pair dans toute partie du Canada de tous les billets émis et reémis par elle. Pour y arriver, elle établira des agences pour le rachat et le remboursement de ses billets dans les cités d'Halifax, de Saint-Jean, Charlottetown, Montreal, Toronto, Winnipeg et Victoria, et en tels autres endroits qui de temps en temps seront désignés par le Conseil du Trésor.

L'article 60 édicte des peines contre quiconque, en dehors des banques autorisées, émettra ou reémettra, fera, tirera ou endossera quelque billet, bon, traite, chèque ou autre effet destiné à circuler comme valeur monétaire ou à représenter une valeur monétaire.

L'article 63 édicte des peines contre quiconque dessinera, gravera, imprimera ou de quelque manière fera, exécutera, offrira, émettra, distribuera, fera circuler ou emploiera quelque carte d'affaire ou professionnelle, ou quelque avis, placard, circulaire, affiche, ou annonce ayant une ressemblance ou similitude avec quelque billet fédéral ou de banque.

Les Banques doivent avoir toujours au moins 40 pour 100 de leur réserve en billets fédéraux. La circulation des 39 banques incorporées à la date de mai 1893 s'élevait à environ 32 millions de dollars contre un capital souscrit de 63 millions, une encaisse de 7 millions. L'émission et l'encaisse étaient réparties comme suit :

Colonies.	Circulation.	Encaisse métallique.
Ontario et Québec....	doll. 27.189.250	doll. 5.739.686
Nouvelle Écosse......	3.500.633	593.067
Nouveau Brunswick...	721.815	149.453
Manitoba.............	287.465	5.330
Colombie britannique.	805.516	450.659
Ile du prince Édouard.	128.394	12.360
	doll. 32.633.073	doll. 6.950.555

MEXIQUE

Au Mexique, la circulation fiduciaire est exclusivement composée de billets de banques particulières et s'élevait dernièrement aux chiffres suivants :

Banque nationale du Mexique....	15.350.000 piastres.	
— de Londres et du Mexique.	5.350.000	—
— internationale et hypothécaire du Mexique......	1.000.000	—
— Mexicaine de Chihuahua.	250.000	—
— Minière de Chihuahua....	250.000	—
Au total.....	22.200.000 environ.	

contre une encaisse d'environ 16 millions de piastres.

La piastre mexicaine est une pièce d'argent contenant 27 gr. 027 à 9027 dix millièmes de fin. L'étalon mexicain est l'argent, et la frappe du métal est libre. C'est à peu près le seul grand pays du monde qui soit encore à ce régime.

La Banque Nationale du Mexique, fondée en 1881 par des capitaux français, est de beaucoup le plus important des établissements d'émission mexicains : aussi prendrons-nous ses statuts comme type. L'article 5 du contrat de concession indique clairement les conditions de la circulation fiduciaire, la proportion de l'encaisse à la circulation, le contrôle du gouvernement. Nous le reproduisons ici :

Article 5 du contrat de concession de la Banque Nationale du Mexique.

La Banque aura le droit d'émettre des billets avec les formalités requises exprimées ci-après jusqu'à concurrence du *triple* de la somme qu'elle aura en caisse, en monnaie effective d'or ou d'argent ou en barres de métaux précieux, à l'exclusion seulement des dépôts fiduciaires faits en caisses ou sacs fermés et scellés.

A. Les billets auront une valeur de 1, 2, 5, 10, 100, 500 et 1000 piastres *payables à vue au porteur en numéraire* dans les bureaux de la Banque ou dans les succursales qui les auront mis en circulation. Ces billets auront cours facultatif dans le public.

B. Les billets porteront la signature de l'un des membres du Conseil d'administration de la Banque, du caissier de ladite et de deux commissaires du gouvernement fédéral. Ils seront en outre revêtus du sceau de la Banque et d'un sceau ou timbre apposé par l'administration du timbre, ce timbre sera de 1/2 centavo [1] pour les billets de 1 à 50 piastres et de 1 centavo pour ceux de 100 à 1000 piastres.

C. Il ne pourra être fait aucune émission de billets sans qu'il ait été constaté par les commissaires du gouvernement qu'il existe dans les caisses de la Banque, en monnaie effective ou en lingots d'or ou d'argent, une somme proportionnelle à ladite émission de billets, suivant les termes du premier paragraphe du présent article.

D. Pour remplir les formalités exprimées par le paragraphe précédent et s'assurer en tout temps de la légalité des opérations de la Banque, le pouvoir exécutif nommera deux commissaires qui surveilleront non seulement ce qui est relatif à l'émission des billets et à l'existence correspondante en caisse, mais aussi l'exécution de ce contrat et des statuts en ce qui concerne la sécu-

----

1. Le centavo est le centième de la piastre.

rité du public, sans qu'on puisse en déduire que ces commissaires puissent s'immiscer dans les affaires et les transactions de la Banque avec le commerce et les particuliers.

E. Les billets émis par la Banque dans les conditions requises seront reçus comme monnaie courante dans tous les bureaux de la Fédération des villes où existeront des succursales de la Banque ou des agents qui changeront ces billets pour de l'or ou de l'argent sans escompte.

F. Les succursales établies ou à établir par la Banque sur les différents points du pays ne pourront mettre en circulation que les billets qui leur seront remis pour leurs besoins par l'administration centrale établie dans la ville de Mexico.

L'article 26 des statuts ajoute que le montant des billets mis en circulation par la Banque sera toujours représenté par une valeur équivalente entre les mains de la Société, les indications du contrat de concession au sujet de l'existence métallique en caisse étant bien entendu observées.

Le capital de la Banque est de 20 millions de piastres dont les deux cinquièmes versés. L'encaisse était au bilan du 31 décembre 1892 de 12 millions, le portefeuille de 15, les prêts sur nantissement de 2 1/2 millions, les réserves de 3 millions.

Grâce à la complexité de la circulation fiduciaire aux États-Unis, nous avons trouvé dans l'Amérique du Nord tous les types de billets, sauf ceux émis par une Banque unique privilégiée, dotée d'un monopole comme la Banque de France. D'une façon générale, la liberté d'émission existe dans tout le continent : au Canada, aux États-Unis, les Banques peuvent s'établir et mettre des billets en circulation, à la simple condition de se conformer aux prescriptions législatives qui règlent la matière; au Mexique, une autorisation spéciale du gouvernement est nécessaire, mais elle a été accordée à des établissements multiples. Le métal dans lequel les billets sont remboursables est l'or au Canada et l'argent au Mexique. Les billets des États-Unis ne sont pas théoriquement tous remboursables en or : seuls les greenbacks et les certificats d'or remplissent pleinement cette condition; les certificats d'argent et les billets du Trésor ont été gagés par de l'argent monnayé ou en lingots. Les billets des banques nationales sont rachetables par le Trésor « en monnaie légale » (*lawful money*). Mais par suite des circonstances que nous avons exposées, tous ces billets peuvent être jusqu'à nouvel ordre considérés comme équivalents à l'or, puisque d'une façon directe ou indirecte le porteur peut obtenir ce métal en échange de son papier.

CHAPITRE XIX

AMÉRIQUE CENTRALE ET MÉRIDIONALE

HAITI

Nous comprendrons dans ce chapitre diverses îles voisines du continent américain et commencerons à cet effet par celle d'Haïti, où la Banque nationale a été fondée par des capitaux et est encore dirigée par des administrateurs français.

Créée en 1881 au capital de 10 millions, elle fut investie d'un monopole. L'article 2 des statuts rappelle que la Banque a reçu, en vertu d'un décret de l'Assemblée nationale du 15 septembre 1880, an 77 de l'Indépendance, pour cinquante années, c'est-à-dire jusqu'en 1930, le privilège exclusif d'émettre des billets au porteur, remboursables à présentation en espèces, à Haïti. Ces billets considérés comme monnaie auront cours légal dans toute l'étendue de la

République et seront reçus dans toutes les caisses publiques. La Banque est une société anonyme française, avec siège social à Paris et établissement principal à Port au Prince. Le montant des billets en circulation ne pourra en aucun cas excéder le triple de l'encaisse métallique. Ils seront émis en coupures de 10, 20, 100 et 200 gourdes. La gourde d'argent est identique à notre pièce de 5 francs.

Le gouvernement haïtien n'a pas respecté le monopole qu'il avait lui-même concédé. En 1884, il émit une première fois un million de gourdes en un papier d'État, qui a d'ailleurs été presque entièrement retiré. Mais des émissions subséquentes eurent lieu, dont il circule encore :

Papier-monnaie du général Salomon.	2.045.592 gourdes.	
— de la République septentrionale.........	1.995.203	—

En vertu de la loi du 29 septembre 1892 ordonnant le retrait et l'unification des divers types de papier-monnaie en cours, la Banque nationale a été chargée de faire fabriquer et d'émettre *pour compte du gouvernement* des billets de 1 et 2 gourdes jusqu'à concurrence du montant ci-dessus. Dans ces circonstances, elle a presque entièrement renoncé à faire usage de son droit d'émission pour son compte propre. Au 31 décembre 1892, elle n'avait en circulation que 171 000 francs de ses billets.

GUADELOUPE ET MARTINIQUE

Les banques françaises de la Guadeloupe et de la Martinique rentrent dans le cadre des banques coloniales que nous avons décrites. Elles ont l'une et l'autre un capital de 3 millions de francs; l'une a son siège à Pointe-à-Pitre et l'autre à Saint-Pierre. La Banque de la Guadeloupe, au 30 juin 1892, avait une réserve de 1 700 000 francs, une encaisse de 3 millions et une circulation de 7 millions. Celle de la Martinique une réserve 1 500 000 francs, une encaisse de 3 millions et une circulation de 5 1/2 millions de francs.

GUYANE FRANÇAISE

La Banque de la Guyane française, qui fait elle aussi partie du groupe de nos banques coloniales, a un capital de 600 000 francs divisé en 1200 actions de 500 francs nominatives libérées; son encaisse au 30 juin 1892 était de 688 000 francs et la circulation de 1 545 000.

GUYANE HOLLANDAISE

La Guyane hollandaise a les billets de la Banque de Surinam, dont la circulation s'élève à environ un million de florins.

CUBA

L'île de Cuba avait émis, pendant la dernière insurrection, du papier-monnaie qui eut cours forcé jusqu'en 1892 et circulait principalement dans le Nord de l'île, à la Havane, à Matanzas et à Cardenas. Ce papier-monnaie avait été émis pour compte du gouvernement par la Banque espagnole de Cuba, dont le capital est de 8 millions de piastres en or. A la fin de 1892, elle avait en circulation 3 millions de billets pour son propre compte et 19 millions pour compte du gouvernement, contre une encaisse de 7 800 000. Dans le courant de 1893, le papier-monnaie émis pour compte du gouvernement a été entièrement retiré. Le cours forcé a disparu.

PORTO RICO

L'île de Porto Rico, possession espagnole, a depuis 1891 une banque d'émission privilégiée : *Banco español de Porto Rico*, dont le siège est à San-Juan avec succursales à Mayaguez et à Ponce.

Par suite d'une vieille prescription qui n'a plus aucune raison d'être, les autorités espagnoles acceptent à Porto Rico la piastre mexicaine comme équivalent aux 19/20 de la piastre espagnole. Mais le commerce tarife les billets de la Banque de Porto Rico libellés en monnaie nationale espagnole à raison de 100 piastres espagnoles pour 120 piastres mexicaines. En juillet 1893, la circulation n'était que de 1 125 000 piastres contre une encaisse de 1 262 000 piastres mexicaines et 333 000 piastres nationales (espagnoles).

SAINT-THOMAS

L'île de Saint-Thomas a comme circulation fiduciaire les billets de la Banque de Saint-Thomas en coupures de 1, 5, 10 et 100 dollars et de la *Colonial bank* de Londres, qui a une succursale à Saint-Thomas, en coupures de 5, 10 et 100 dollars. En outre il existe des bons (*vestindiske Kreditbeviser*) sur la caisse du Trésor danois, en coupures de 2, 5, 10, 50 et 100 dollars qui ont cours légal. Ce dollar est égal à 5 francs.

COSTARICA

La Banque de Costarica a un capital versé de 1 155 000 et une circulation de 3 433 000 dollars au 31 décembre 1893.

L'encaisse métallique est de 818 000 dollars.

A côté de cette circulation particulière il existe des billets nationaux pour 704 000 dollars.

SAN SALVADOR

La Banque occidentale de Santa Anna, avec un capital versé de 500 000 dollars, a une circulation de 621 000 et une encaisse de 541 000 dollars.

Le Banco international de Salvador, avec un capital versé de 750 000 dollars, avait une circulation de 1 227 000 contre une encaisse de 1 088 000 dollars.

NICARAGUA

La Banque de Nicaragua, fondée en 1888, a un capital versé de 750 000 dollars. Au 31 août dernier, elle avait une circulation de 856 000 dollars contre une encaisse de 779 000.

GUATEMALA

La Banque internationale de Guatemala, avec un capital versé de 1 175 000 dollars, avait au 31 décembre dernier une circulation de 1 377 000 et une encaisse métallique de 1 333 000 piastres. Elle avait, entre autres éléments d'actif, 83 000 dollars d'obligations des États-Unis de l'Amérique du Nord et pour 299 000 piastres de consolidés anglais. C'est un exemple assez original d'une banque d'émission constituant une partie de son actif en rentes étrangères.

La Banque Colombienne avait, au 31 décembre 1893, un capital versé de 1 630 000, une circulation de 186 000 et une encaisse de 349 000 piastres.

Le Guatemala a encore une troisième banque, celle d'Occident, dont le capital versé est de 1 500 000 piastres, avec une circulation de 886 000 et une encaisse métallique de 554 000 piastres. Le siège social est à Quezaltenango.

BOLIVIE

La Banque nationale de Bolivie, dont le siège est à Sucre, a un capital versé de 2 600 000 bolivars (le bolivar est une pièce d'argent identique à notre écu de cinq francs). Au 30 juin 1893, sa circulation était de 3 532 000 et son encaisse métallique de 739 000 bolivars.

La Banque Francisco Argandoña (à Sucre), fondée en 1893, a un capital versé d'un million de bolivars. Au 31 décembre de la même année, elle avait une circulation de 393 000 contre une encaisse de 113 000 bolivars.

La Banque de Potosi a également le droit de créer des billets. Le gouvernement n'en émet point.

VENEZUELA

La Banque de Venezuela avait en 1891 une circulation de 10 800 000 bolivars (le bolivar vénézuélien est égal à notre franc). Les changes étrangers sont généralement cotés au pair, c'est-à-dire que le billet de banque ne subit pas de perte par rapport à l'or.

ÉQUATEUR

La République de l'Équateur a créé du papier-monnaie qu'il a fait admettre par les deux banques de l'Équateur et Internationale, pour un total d'environ 3 millions de sucres (le sucre est une monnaie d'argent identique à notre pièce de cinq francs .

Il paraîtrait que le pays songe à adopter l'étalon d'or et qu'une banque se serait chargée à cet effet d'importer 250 000 livres sterling.

COLOMBIE

La circulation consiste presque exclusivement, outre la monnaie divisionnaire, en un papier-monnaie émis dans les proportions suivantes :

	Piastres.
Billets du gouvernement au 30 juin 1892.	16.000.000
Banque nationale au 30 juin 1892........	12.000.000
Autres banques...........................	9.422,000

Le gouvernement s'efforce de retirer ses billets et de les remplacer par de la monnaie d'argent. Le Congrès a voté une somme considérable à cet effet.

PÉROU

Le Pérou créa pendant sa dernière guerre contre le Chili plus de 100 millions de soles de papier monnaie (la sole est une pièce d'argent identique à notre pièce de 5 francs). Mais ces billets sont maintenant retirés et les transactions se règlent en argent.

URUGUAY

L'Uruguay, qui vit sous le régime de l'étalon d'or, a retiré de la circulation tout le papier-monnaie que le gouvernement avait émis. L'ancienne législation, dont les dispositions essentielles dataient du 23 mars 1865, avait établi la liberté des banques et se bornait à leur imposer un certain nombre de règles, telles que la limitation de la circulation au triple, puis (1870) au double du capital versé. Mais récemment il a été décidé que le droit d'émission ne serait plus accordé à personne à nouveau. A la fin de septembre 1892, après le retrait du papier-monnaie, la circulation des banques émettant des billets ne s'élevait qu'à environ 3 1/2 millions de piastres, dont le Banco Nacional avait émis 1 million, la banque de Londres et du Rio de la Plata environ 2 1/2 millions. En 1893, toutes les banques privées, à l'exception de cette dernière, ont renoncé à l'émission des billets. Au 30 septembre 1893, sa circulation était de 2 600 000 piastres et celle de la Banque nationale de 780 000. La London and River Plate Bank au capital de 1 800 000 livres sterling, dont 900 000 versés, a son siège à Londres. C'est sa succursale à Montevideo qui est le principal pourvoyeur de billets de banque pour l'Uruguay.

BRÉSIL

Le Brésil a offert depuis la chute de Dom Pedro le spectacle d'un véritable bouleversement de sa circulation fiduciaire, dont la baisse du change a été comme toujours le signe et aussi le châtiment. Avant 1889, l'unité monétaire brésilienne, le milreis, était coté aux environs du pair, c'est-à-dire de 2 fr. 80 et parfois même près de 3 francs, parce qu'un milreis était un poids certain d'or ou, ce qui revient au même, un billet de banque remboursable à vue en ce poids d'or. Il n'est plus aujourd'hui qu'un papier à cours forcé, dont le cours oscille dans les limites de 90 centimes à un franc. Il est nécessaire de retracer à grandes lignes l'histoire de la circulation fiduciaire dans les dernières années, avant d'indiquer l'incarnation la plus récente de cette multiple et changeante législation. Cette histoire peut se résumer en deux chiffres : en 1889, il existait au Brésil 200 millions de milreis de papier ; il y en a plus du triple en 1894.

Au moment de la chute de l'Empire, venait de se fonder avec le concours de capitalistes français un établissement qui, sous le nom de Banque Nationale du Brésil, devait avoir charge d'une partie de la circulation fiduciaire du pays. Une autre banque, celle des États-Unis du Brésil, fut fondée vers la même époque avec des attributions analogues. Un décret de décembre 1890, rendu par le maréchal Deodoro Fonseca sur le rapport du ministre des finances Ruy Barbosa, autorisa la fusion de ces deux sociétés, dont la réunion forma la Banque de la République des États-Unis du Brésil, au capital de 200 millions de milreis. La nouvelle banque était autorisée à émettre des billets pour le triple de son encaisse or ; le gouvernement s'interdisait de concéder à l'avenir le droit d'émission à d'autres établissements de crédit, et faisait de la Banque l'héritière présomptive du droit d'émission de toutes les autres banques qui cesseraient d'en faire usage ou d'y avoir droit.

La Banque devait se charger du retrait du papier-monnaie d'État, dont l'origine remonte à une quinzaine d'années. Six autres banques avaient un pouvoir d'émission d'ensemble 166 millions de milreis, savoir la Banque du Brésil 50, la Banque de l'Union de Saint-Paul 40, la

Banque d'émission du Sud 16, les Banques d'émission du Nord, de Bahia et de Pernambouc chacune 20.

En juin 1891, la circulation des sept banques était d'environ 355 millions de milreis et celle de l'État de 168. Mais l'ère des fusions et des transformations n'était pas encore close. Au début de 1893, la Banque de la République des États-Unis du Brésil et la Banque du Brésil se sont réunies pour former la Banque de la République du Brésil : le capital du nouvel établissement est de 150 millions; son billet doit seul avoir cours légal. Il est chargé du retrait des autres billets. Au 30 novembre 1893, la circulation de la Banque de la République du Brésil, en y comprenant les bons à intérêts circulant avec cours forcé, recevables aux caisses du Trésor et destinés spécialement à venir en aide aux industriels, les billets des banques de l'Union, et ceux de l'ancienne Banque du Brésil, s'élevait à 379 390 720 milreis, et le papier-monnaie émis directement par l'État à environ 200 millions.

Les paiements en espèces doivent être repris lorsque le taux du change se sera maintenu au pair pendant une année ou aussitôt que l'abolition du cours forcé pour le papier de l'État sera décrétée (art. 54 des statuts). Ce moment ne semble pas approcher; le gouvernement a sans doute employé aux dépenses de la guerre civile les dépôts des banques. Le pays est au régime du papier, dont la plus petite coupure est 500 reis, lesquels au change du jour valent moins de 50 centimes.

Si l'on cherche à dégager les idées qui ont guidé les nouveaux gouvernants du Brésil dans leur politique financière (nous ne parlons pas bien entendu des mesures fâcheuses et violentes auxquelles ils se sont laissé pousser par les événements de guerre), on peut croire qu'ils se sont tout d'abord inspirés du système des États-Unis de l'Amérique du Nord. Ils ont voulu donner pour base à leur circulation fiduciaire les titres de rente et ont pu rêver ainsi de racheter une partie de la dette nationale. Malheureusement pour eux ils ont oublié que le système des États-Unis tire sa principale force du fait que les paiements s'y font en espèces, que les obligations du gouvernement, et avant tout les intérêts de sa dette, se paient en or. Aussi, malgré la richesse du Brésil, malgré son exportation colossale de caoutchouc et de café, malgré la hausse du prix de cette dernière denrée, malgré la situation favorable des planteurs que l'abolition de l'esclavage a affranchis de leur dette hypothécaire gagée antérieurement sur les têtes d'esclaves et qui travaillent donc désormais sans immobilisation de capital, payent la main-d'œuvre en papier et vendant en or leurs produits, le pays est dans un désarroi incontestable au point de vue de la circulation fiduciaire. C'est un exemple saisissant qui s'ajoute à tant d'autres pour prouver qu'il est souverainement dangereux de s'écarter des règles et que le papier-monnaie est un fléau destructeur de l'équilibre économique.

RÉPUBLIQUE ARGENTINE

Ici le Brésil est dépassé. Si le billet de banque est tombé au tiers de sa valeur métallique à Rio-de-Janeiro, à Buenos-Ayres il est coté encore plus bas, à moins des deux septièmes du pair métallique. Le cours forcé est d'ailleurs depuis 1826 une maladie chronique, à de rares intervalles près, dans la République Argentine : c'est ce que reconnaît dans son exposé de l'état économique et financier du pays le message adressé au Congrès par le pouvoir exécutif en octobre 1893. Ce document attribue l'explosion de la crise à la loi des Banques nationales garanties, qui amena la création par les gouvernements provinciaux de banques, à l'aide de capitaux empruntés et avec la garantie de titres de rentes émis par le gouvernement fédéral.

La circulation totale s'élève à environ 300 millions de piastres (la piastre métallique or ou argent équivaut à 5 francs de monnaie française), comprenant quatre catégories d'émissions différentes :

1° Émission sans garantie;

2° Émission du gouvernement avec garantie de fonds publics;

3° Émission des Banques conformément à la loi des Banques nationales garanties;

4° Émission avec garanties immobilières.

1° ÉMISSION SANS GARANTIE.

		Piastres.
Loi du 6 septembre 1890.	Banque nationale.........	25.000.000
	— hypothécaire......	25.000.000
	Municipalité de la capitale.	3.627.945
Loi du 16 octob. 1891.	Banque de la Nation......	50.000.000
Loi du 29 octob. 1891.	Banque hypothécaire nationale....................	5.000.000
		P. 108.627.945

2° ÉMISSION DU GOUVERNEMENT AVEC GARANTIE DE FONDS PUBLICS.

Banque de la province de Buenos-Ayres..	P.	57.918.200
— — Cordoba.......		15.553.796
— — Nationale......		65.019.533
— — Buenos-Ayres..		1.500.000
		P. 139.991.529

3° ÉMISSION DES BANQUES SOUS LE RÉGIME DE LA LOI.

Neuf banques ont une circulation d'ensemble .... P. 36.875.684
garantie par des fonds publics jusqu'à concurrence de P. 32.590.320. La différence est due à la Caisse de conversion, qui a la garde de ces titres, par la Banque de Santa-Fé.

4° ÉMISSION AVEC GARANTIES IMMOBILIÈRES.

Le total en est de 11.198.470 piastres de monnaie nationale, ci................... P. 11.198.470

Total général........ P. 296.693.628

L'émission en a été faite par les Banques de Salta, la Rioja et Santiago. Les fonds publics correspondants appartiennent à la Banque nationale.

L'ancienne Banque nationale avait été fondée en 1872 au capital de 20 millions de piastres.

La loi du 3 novembre 1887 créa les Banques nationales garanties (*Bancos nacionales garantidos*). Chaque province put établir une Banque d'émission qui émit des billets gagés par les rentes de l'État fédéral dont elle était tenue de faire l'acquisition. La province de son côté contractait le plus souvent un emprunt gagé sur ces rentes fédérales et les actions de la Banque auxquelles elle souscrivait.

Un certain nombre de ces banques sont entrées en liquidation. Le gouvernement fédéral a pris charge de leurs émissions de billets et a par contre été nanti de leur actif : c'est ce que la loi du 10 août 1891 a décidé pour la Banque provinciale de Cordoba dans les termes suivants, que nous reproduisons à titre d'exemple :

Art. 1. La banque provinciale de Cordoba demeure déliée de la loi des Banques nationales garanties.

Art. 2. Le pouvoir exécutif de la Nation prend à sa charge le retrait de 15 553 796 piastres, qui constituent la circulation autorisée de la Banque provinciale de Cordoba.

Art. 3. Celle-ci transférera au Gouvernement national la propriété des 8696656 piastres de fonds publics nationaux 4 1/2 or, plus 595052 d'espèces en or déposées pour son compte à la Caisse de conversion.

La Banque nationale entra en liquidation le 16 octobre 1891. Une loi de la même date créa la *Banque de la nation argentine* au capital de 50 millions de piastres. L'article 7 des statuts dit que la Banque de la nation argentine pourra effectuer toutes les opérations et possédera tous les droits et prérogatives qui avaient été accordés à la Banque nationale pour vingt ans par la loi du 5 novembre 1872, sauf les restrictions nouvellement imposées. Est et demeure interdite l'émission des billets sans avoir fourni au préalable l'encaisse métallique exigée par la susdite loi à la Caisse de conversion, afin d'obtenir d'elle le chiffre d'émission correspondant. L'article 15 de la loi du 5 novembre 1872 autorisait la Banque nationale à émettre des billets, devant avoir cours légal, pour le double du capital réalisé, et à condition d'avoir une encaisse métallique égale au moins au quart de la circulation. La Banque de la Nation a déjà établi 71 succursales. La nation prend à sa charge (art. 48 de ses statuts) les émissions garanties des banques provinciales, ces dernières étant tenues de la rembourser en remettant à la Caisse de conversion, pour être brûlées à raison de 10 pour 100 par an, les émissions correspondantes de papier gouvernemental.

Ces transformations successives et la multiplicité des émissions font dire au président Luis Saenz Pena et à son ministre des finances Jose A. Terry, dans le message d'octobre 1893 : « Notre circulation est sans pareille au monde pour la diversité des billets, des inscriptions, de Banques émettrices liquidées ou en liquidation ; il nous manque un contrôle efficace de nature à prévenir, autant que possible, toute contrefaçon ». Le gouvernement annonce son intention de procéder avec sagesse à l'annulation d'une partie des billets et dit avec raison qu'il faut éviter de procéder trop brutalement à une contraction soudaine de la circulation qui entraînerait des inconvénients pour le pays. Un prochain avenir nous apprendra si ce programme a été mis à exécution.

CHILI

Le Chili, dont les finances passent pour être les plus solides de toutes celles des républiques sud-américaines, souffre cependant d'une dépréciation extraordinaire de sa circulation fiduciaire, qui perd encore aujourd'hui près des trois quarts de son ancienne valeur métallique nominale. Il est vrai que cette valeur reposait essentiellement sur l'argent compté au rapport de 15 1/2 avec l'or, et que, le rapport ayant plus que doublé aujourd'hui, la piastre chilienne ne perd en réalité pas tout à fait la moitié de sa valeur métallique en argent. D'autre part le Gouvernement a annoncé la reprise des paiements en espèces pour le 1er juillet 1896 à raison de 2 fr. 50 d'or pour une piastre papier. Néanmoins le cours de celle-ci ne dépasse guère actuellement 1 fr. 25. L'analyse des motifs qui ont amené et maintiennent encore cette dépréciation est plus délicate ici que partout ailleurs, précisément parce qu'il s'agit d'une nation qui n'a point péché par un abus du papier-monnaie comparable à celui de ses voisins.

Avant 1839, la liberté des Banques existait au Chili. A cette date intervint une loi qui défendit d'établir une banque ou d'émettre des billets de crédit sans autorisation préalable du gouverneur, de la municipalité et du département. Une garantie hypothécaire devait être fournie à l'effet d'assurer le prompt paiement en monnaie courante des billets émis. La plupart des banques chiliennes se constituèrent en sociétés anonymes, en même temps que certaines maisons particulières continuèrent à émettre des billets.

C'est la loi de 1860, inspirée en grande partie par notre compatriote Courcelle-Seneuil, qui est fondamentale en la matière. Elle limite au maximum de une fois et demie le capital la circulation des billets : ceux-ci sont remboursables en espèces, faute de quoi ils constituent des titres exécutoires contre les biens et la personne des propriétaires de la Banque. Ils sont extraits d'un registre à double talon, dont l'un reste déposé à l'Hôtel des monnaies; ils doivent porter la signature et le sceau du surintendant des monnaies et du directeur ou propriétaire de la Banque d'émission.

Le cours forcé fut décrété une première fois en 1865 et supprimé le 31 août 1866. Mais il fut rétabli par la loi du 23 juillet 1878. Une loi du 6 septembre de la même année fixa à 15 010 000 piastres la circulation totale des onze Banques : nationale du Chili, de Valparaiso, A. Edwards et Cie, consolidée du Chili, De Matte et Cie, Alliance, Agricole, Conception, Mobilière, Union, Ossa et Cie.

La guerre avec le Pérou donna naissance au papier-monnaie d'État. Un décret du 9 mai 1879 ordonna au ministre du Trésor d'émettre des billets (*Vales del Tesoro*) au porteur, de 1 000 piastres chaque, sans intérêt, à cinq ans de date, jusqu'à concurrence de 6 millions de piastres : ces billets reçurent cours forcé, aussi bien qu'une seconde émission semblable de 6 millions autorisée par la loi du 26 août 1879. Après la fin de la guerre, le décret du 16 janvier 1880 institua un bureau d'émission annexé à l'administration des monnaies. L'émission totale autorisée des billets d'État s'élevait au 5 janvier 1881 à 40 millions de piastres.

A la veille de la révolution contre le président Balmaceda en 1891, les Banques avaient une circulation d'environ 15 millions de piastres contre 30 millions de capital et 6 millions de réserve. Après la chute de Balmaceda, elle s'élevait à 20 millions et le papier-monnaie de l'État à 42 millions. Durant la guerre civile, la Junte établie à Iquique avait proclamé la liberté d'émission. La Banque de Tarapaca, les compagnies de chemin de fer, de salpêtre, la municipalité d'Iquique, les principales maisons de commerce firent usage de ce droit et créèrent des billets. Quand la monnaie divisionnaire vint à manquer, les hôtels, les restaurants, les libraires, les coiffeurs émirent du papier. Le public acceptait les billets dont les signataires lui inspiraient confiance et rejetait les autres. Dès que l'ordre fut rétabli, tous furent scrupuleusement remboursés.

Le 10 septembre 1892, une loi autorisa les contrats en monnaies d'or ou d'argent, nationales ou étrangères. Le 26 novembre 1892 fut votée la loi de reprise des paiements en espèces : elle ordonne la création de titres de rente sur l'État 6 pour 100 avec 1 pour 100 d'amortissement, jusqu'à concurrence de L. stg. 1 200 000, pour lesquelles le gouvernement acceptera des soumissions à raison d'au moins 10 piastres papier par livre sterling ; c'est fixer à la piastre un prix minimum de 24 pence. Tout le papier-monnaie ainsi obtenu devra être brûlé. La loi du 1ᵉʳ février 1893 ordonne que le produit des Bons du Trésor qu'elle autorise sera appliqué au paiement de la dette flottante de l'État et aussi au rachat des billets de banque indûment émis par Balmacéda « le dictateur ». La loi du 31 mai 1893, complétant la précédente, ordonne qu'à partir du 31 décembre 1899 le papier-monnaie de l'État sera remboursé à vue en monnaie métallique établie par la loi du 26 novembre 1892, c'est-à-dire en piastres frappées à raison de 0 gr. 7988 d'or fin (presque exactement 2 fr. 50). Dès le 1ᵉʳ juillet 1896 ce papier cessera d'avoir cours légal.

La majorité des pays de l'Amérique centrale et de l'Amérique méridionale sont au régime du papier-monnaie et du cours forcé. Sauf l'ile du Cuba, où la suppression du billet d'État et la reprise du remboursement en espèces ne datent que de 1893, sauf l'Uruguay, sauf les colonies européennes aux Antilles et en Guyane et quelques États secondaires, cet immense territoire est le domaine du papier Le vaste Brésil, la République Argentine, le sage Chili sont en proie au même mal. Le Brésil s'y est précipité volontairement ; la situation privilégiée qu'il occupe dans le monde, l'importance énorme de ses exportations qui le constituent régulièrement créancier des nations étrangères auxquelles il vend son café et son caoutchouc, lui permettraient d'avoir dans sa circulation intérieure le métal dont il a besoin, s'il n'avait péché par la multiplication du papier. La République Argentine, plus jeune que son voisin du Nord, est, elle aussi, un pays exportateur : mais ses laines, son blé, son maïs ne représentent pas les mêmes sommes que les produits brésiliens; elle a de plus étendu les prêts hypothécaires et le système des emprunts nationaux et provinciaux contractés au dehors au point d'avoir brisé pour un temps les ressorts de son crédit. Quant au Chili, il est loin de mériter les mêmes reproches que les deux grandes républiques de la côte orientale; il n'a augmenté sa circulation fiduciaire que sous l'empire de nécessités politiques analogues à celles qui ont eu les mêmes conséquences chez les peuples européens les plus sages : il semble donc que la guérison, possible pour les trois, se devrait espérer plus promptement au Chili que partout ailleurs.

CHAPITRE XX

OCÉANIE

La circulation fiduciaire, il n'est pas besoin de le dire, ne joue qu'un rôle bien secondaire dans cette partie du monde, en dehors de l'Australie et de quelques possessions européennes. Pour ce qui est de nos propres colonies, il suffira de rappeler que les billets de la Banque de l'Indo-Chine ont cours à la Nouvelle Calédonie et que cette Banque est tenue d'établir des agences sur les autres points que lui désignerait le gouvernement français.

JAVA

A Java ont cours les billets de la Banque de Java, dont le capital est de six millions de florins hollandais. En 1893, la circulation s'élevait à

environ 43 millions de florins contre une encaisse
argent de 24 et une encaisse or de 6 millions
de florins.

ILES HAWAI

Le royaume Hawaien (îles Sandwich), qui a
l'étalon d'or et se sert surtout de monnaies étrangères tarifées, a émis un papier-monnaie d'État
dont il circule quelques centaines de mille dollars. Le Gouvernement a aussi fait frapper des
monnaies nationales d'argent qui n'ont force
libératoire que jusqu'à concurrence de dix
dollars.

ILES PHILIPPINES

Aux îles Philippines, qui ont nominalement le
système monétaire espagnol et dont la circulation métallique est surtout composée de piastres
mexicaines, circulent aussi les billets de la
Banque espagnole des Philippines (Banco espa-
nol filipino) dont le capital est de 600 000 piécettes, et la circulation du double environ.

AUSTRALIE

L'Australie était autrefois sous le régime du
billet de banque émis exclusivement par des
établissements particuliers. Cette situation a été
modifiée depuis la crise si violente de 1893. Du

28 janvier au 17 mai de cette année, quatorze banques suspendirent, entraînant la fermeture temporaire de 980 comptoirs. Le capital total des banques était de 27 millions de livres sterling, dont 15 versés, le capital de réserve de 5 et les dépôts de 84 millions.

Une des premières conséquences de la crise a été de faire émettre du papier-monnaie par le Gouvernement; un bill de mai 1893 a autorisé l'émission de deux millions de livres sterling (cinquante millions de francs) en bons du Trésor.

En novembre 1893, le Gouvernement de la Nouvelle Galle du Sud a fait voter par le Parlement de Sydney une loi d'après laquelle les billets de certaines banques seront à l'avenir *legal tender*, c'est-à-dire auront cours légal dans la colonie, sauf au siège social. Le montant de l'émission, en dehors de celle qui est couverte par l'encaisse métallique, ne devra pas dépasser 2 millions de livres ni le tiers du capital des banques et constituera une créance de premier rang sur l'actif des banques. Cette loi, qui dispense les banques d'immobiliser une partie de leur encaisse pour rembourser leurs billets dans leurs agences, a été l'objet de critiques, mais paraît cependant de nature à faciliter leur fonctionnement. Elle n'a pas d'inconvénients sérieux, puisque le billet est toujours remboursable en espèces à l'établissement principal. Les émissions sont frappées d'un impôt de 2 1/2 pour 100.

En résumé voici à l'heure actuelle quelles sont les suites de la crise : les trois banques : royale de Queensland, communale de Sydney, anglo-écossaise et australienne privilégiée (Chartered), se reconstituent sans augmenter leur capital. Les sept banques : Australienne par actions (Joint Stock), de Victoria, de la cité de Melbourne, communale d'Australie, de Londres privilégiée en Australie, nationale d'Australasie, Standard d'Australasie se reconstituent en créant des actions de préférence qu'elles offrent en remboursement à leurs créanciers.

Il importe de remarquer que la crise australienne n'a pas été due à un excès d'émission de billets de banque, dont le chiffre au contraire n'a jamais cessé de se tenir dans des limites raisonnables, mais à des immobilisations considérables en avances hypothécaires qui n'ont pu être remboursées : dès lors les banques n'ont pas eu les ressources liquides nécessaires pour satisfaire leurs déposants. Le caractère du mal, au point de vue spécial qui nous occupe, c'est-à-dire l'étude des éléments qui constituent la circulation fiduciaire et en règlent la valeur, est donc tout différent ici de ce qu'il est ailleurs : la circulation des billets des banques australiennes constituait la moindre partie de leurs engagements. C'est un caractère général de la race anglo-saxonne que de se plier malaisément à la notion du papier-monnaie. Elle ne conçoit guère

le billet que comme un moyen de représenter
les espèces et d'en faciliter la transmission.
Tout au plus admet-elle parfois le billet gagé
par une créance sur l'État. Nous ne voyons pas
qu'à l'heure actuelle il en soit fait abus ni en
Angleterre, ni en Australie, ni au Canada, ni
au Cap, ni en un mot dans aucun des pays qui
sont sous l'autorité directe ou sous l'influence
de la Grande Bretagne.

CHAPITRE XXI

CONCLUSION

Le billet de banque est émis tantôt par l'État lui-même, tantôt par une banque d'État, tantôt par un établissement particulier investi d'un monopole, ou par un certain nombre de banques privées qui ont reçu un privilège ou enfin par un nombre illimité de banques, tenues de se conformer à une loi dont les prescriptions règlent l'émission des billets. Il serait difficile de citer un pays dans lequel cette émission soit absolument libre, c'est-à-dire où il soit permis au premier venu d'émettre sans condition des engagements de payer (que les Anglais appellent si bien *promissory notes*) une certaine somme à vue et au porteur. Deux systèmes peuvent fonctionner à la fois dans le même pays. C'est ainsi que l'Amérique du Nord a simultanément les billets des Banques natio-

nales et ceux de la Trésorerie; l'Autriche, les
billets d'État et ceux de la Banque austro-hongroise; l'Italie, les billets d'État et ceux des
Banques d'Italie, de Naples et de Sicile. Nous
n'avons pas besoin d'insister sur la distinction
fondamentale que nous avons établie entre le
billet remboursable en espèces et celui qui ne
l'est pas. C'est bien là la division essentielle qu'il
importe de faire : il ne suffirait pas de ranger
d'un côté le billet d'État et de l'autre le billet
de banque émis par une société particulière. Car
certains billets d'État sont remboursables en
espèces, comme les *greenbacks* et les *treasury
notes* des États-Unis, comme les bons de caisse
de l'empire allemand (*Reichscassenscheine*), tandis
que beaucoup de billets de banques particulières, ainsi que nous l'avons constaté au cours
de notre revue, ont cours forcé, c'est-à-dire sont
descendus au rang de papier-monnaie [1]. Quant
au cours légal, le fait de son existence ou de sa
non-existence n'a qu'un intérêt secondaire : c'est
une question d'ordre intérieur, qui a son importance pour la plus ou moins grande facilité des
transactions entre habitants d'un même pays,
mais qui n'a point d'influence déterminante sur
la valeur du billet.

[1]. Les billets de Banque n'ont bien entendu cours forcé
qu'avec l'autorisation ou plutôt par l'ordre du gouvernement,
sans quoi cette suppression du remboursement en espèces
serait bel et bien la suspension de paiements, la faillite.

Le point primordial à élucider pour juger la valeur d'un billet est donc celle de savoir s'il est ou non remboursable à vue en espèces. Ceci établi, il convient, lorsqu'il s'agit d'un billet de banque émis par un établissement privé, d'examiner l'actif de la banque et d'en calculer la valeur par rapport à sa circulation. Un des éléments essentiels de cet actif est l'encaisse métallique, la nature du métal qui la compose, et, lorsque les deux métaux concourent à sa formation, la proportion de l'or et de l'argent. Cet examen a également son intérêt lorsqu'il s'agit d'une banque d'État; mais le Gouvernement étant alors maître en droit ou tout au moins en fait de modifier à son gré les éléments du bilan, les garanties offertes au public ne sont pas de même nature que lorsque c'est au contraire le pouvoir souverain qui veille à la stricte observation des statuts par d'autres que lui. En 1891, la Russie a voulu augmenter sa circulation de 150 millions de roubles; il lui a suffi pour cela d'un simple oukase. Il faut lui rendre cette justice qu'elle a immobilisé alors dans le département d'émission de la Banque, c'est-à-dire appliqué à la garantie des billets, 150 millions d'or : mais pour ce faire, le ministre s'était borné à virer cette quantité de métal d'un compte à l'autre; ce n'était pas une ressource nouvelle qui servait d'aliment à cet accroissement de papier.

Le Gouvernement italien a été plus loin dans cette voie et a agi beaucoup moins correctement en retirant 200 millions d'or à l'encaisse de ses Banques d'émission pour les faire servir de gage à la création d'autant de billets d'État.

Les Banques particulières, toutes choses égales d'ailleurs, sont celles qui offrent au public la garantie la plus forte, à la double condition d'être enfermées dans des statuts sévères et d'être indépendantes du gouvernement. Ces règles souffrent des exceptions dans les deux sens. La Banque de France, dont la liberté d'action est très grande, est un modèle de gestion; la Banque de Russie, qui n'est qu'une section du ministère des finances, a depuis plusieurs années reçu une direction telle que la valeur de son billet n'a cessé de s'accroître : mais ces résultats sont dus aux hommes plutôt qu'aux institutions : or nous ne pouvons poser de règles que pour ces dernières.

L'exemple des statuts les plus rigoureux au point de vue de l'émission des billets en même temps que de l'indépendance la plus complète vis-à-vis du Gouvernement, indépendance si conforme à l'esprit anglo-saxon, nous est donné par la Banque d'Angleterre. Une loi d'airain borne son émission, tandis que le Gouvernement, en dehors de l'avance statutaire remboursable par lui le jour où il dénoncerait le privilège, n'a le droit de rien imposer à la Banque, n'intervient dans la nomination d'aucun de ses directeurs ni agents et ne participe en rien à ses bénéfices. En Allemagne au contraire, bien que les capitaux de la *Reichsbank* aient été fournis par les particuliers, ceux-ci, qui sont les actionnaires de l'établissement, ne prennent pour ainsi dire aucune part à son administration : ils élisent une simple commission consultative, alors que la Banque est présidée par le chancelier de l'Empire, et gouvernée par un directoire que nomment l'Empereur et le Conseil fédéral. Dès qu'un modeste intérêt de 3 1/2 pour 100 a été servi au capital, les bénéfices sont partagés entre les actionnaires et l'État allemand; au delà de 6 pour 100, celui-ci en reçoit les trois quarts; il est propriétaire de la moitié de la réserve. Mais tous ces pouvoirs conférés au Gouvernement ne sont que des pouvoirs d'administration. Il est tenu de se conformer aux statuts, quitte, en temps de crise, à les modifier par une loi. Il convient de reconnaître que, de tous les pays du monde, l'Allemagne est celui qui jusqu'alors a eu le moins recours au crédit de sa Banque; il est vrai que cette dernière est le plus récent parmi les grands établissements d'émission, et que la fondation en remonte à une époque où le pays avait reçu soudainement des milliards de ressources nouvelles. La paix profonde dont il a joui depuis lors ne permet pas de déterminer les rapports qui s'établiraient en d'autres temps entre le trésor impérial et la *Reichsbank.*

Le second élément de l'actif des Banques le plus important à considérer après l'encaisse est leur situation vis-à-vis du Gouvernement, c'est-à-dire le montant des avances qu'elles lui ont faites sous une forme ou sous une autre. Les nations ne se laissent pas seulement entraîner à créer du papier d'État, du papier-monnaie, qui porte en lui-même le signe de sa propre faiblesse. Elles sont fréquemment amenées à recourir au crédit de leurs Banques d'émission, qu'elles poussent alors à augmenter la circulation. Les Banques ne consentent à créer ainsi du papier qui n'est pas gagé par des espèces ou un portefeuille commercial, que si on les dispense de l'obligation de le rembourser en numéraire; la conséquence souvent nécessaire des avances au Trésor est donc l'établissement du cours forcé. Nous n'avons pas ici en vue certaines sommes fixes que par exemple la Banque de France et celle d'Angleterre ont prêtées au Gouvernement lors de leur constitution ou d'un renouvellement de privilège; elles furent le prix en quelque sorte légitime et librement débattu du droit régalien dont l'État se dessaisissait en leur faveur; le montant n'en est relativement pas considérable et n'a pas eu pour résultat d'altérer le caractère remboursable de la circulation totale. Mais nous avons vu que les avances extraordinaires consenties par la Banque de France au Trésor en 1870 furent accompagnées de l'établissement du cours forcé : celui-ci ne disparut que lorsque ces avances eurent été réduites à 300 millions. La France fit ce que tout pays sérieux et honnête doit considérer comme un devoir strict ; la crise passée, elle s'était mise à l'œuvre avec une énergie admirable pour réparer les ruines et pour faire cesser toutes les mesures extraordinaires que seules les nécessités de salut public avaient justifiées. Parmi celles-ci, le cours forcé figure en première ligne. C'est un des titres de gloire de M. Thiers que d'avoir employé toute son autorité à faire rembourser à la Banque le plus promptement possible ce qu'elle avait avancé à l'État.

Toutes les nations n'agissent pas de même. Elles n'ont souvent ni la force ni surtout la volonté de renoncer à cet instrument à la fois si simple en apparence et si dangereux en réalité qui se nomme le papier-monnaie. Elles y ont recours en temps de crise ou sous prétexte de difficultés, et elles continuent d'en user et d'en abuser, après que la cause ou l'apparence de cause n'existe plus. C'est ce qui explique le malaise financier d'une partie de l'univers. Il suffit de jeter un coup d'œil sur la circulation fiduciaire des divers pays que nous avons examinés pour constater que ceux chez qui le billet de banque ou d'État n'est pas remboursable sont presque sans exception dans une mauvaise situation économique. Si l'on était tenté de nous opposer l'exemple de l'Autriche et de la Russie, nous répondrions que l'Autriche-Hongrie est occupée en ce moment même à rétablir les paiements en espèces, et que la Russie, si elle n'a pas encore annoncé formellement cette intention, agit comme si elle était à la veille de la réaliser. Le chiffre de ses billets est contenu dans des bornes étroites, puisqu'il n'atteint pas celui de la Banque de France, alors que la population de l'Empire moscovite est triple de la nôtre. Quant à l'importance des réserves métalliques, presque exclusivement constituées en or, nous l'avons fait connaître plus haut.

Le papier-monnaie n'est d'ailleurs pas seulement la cause du malaise; il en est aussi l'effet. Les gouvernements même les plus médiocres ne se résolvent pas toujours de gaîté de cœur et *a priori* à « *créer de la richesse* » sous forme de papier signé ou contresigné par eux. Ils y sont souvent amenés parce que leur pays n'a pas de numéraire en quantité suffisante. Or, s'il en est ainsi, c'est que les échanges internationaux, quelle qu'en soit d'ailleurs la nature, ont lieu dans un sens défavorable à leurs nationaux. L'erreur consiste à croire qu'on peut remplacer les métaux précieux par un signe qui ne conserve sa pleine valeur précisément qu'aussi longtemps qu'il est échangeable contre le numéraire. De même que cette création arbitraire n'est qu'un palliatif passager et qui ne soulage le présent que pour grever plus lourdement l'avenir, de même les effets salutaires du retrait du papier-monnaie ne seront durables que si la situation économique générale du pays se modifie. Un gouvernement digne de ce nom doit donc lutter de toutes ses forces contre l'invasion du papier-monnaie; il ne l'admettra qu'en cas de guerre; aussitôt la guerre terminée, il travaillera sans relâche au rétablissement de l'ordre financier, c'est-à-dire à la reprise des paiements en espèces; il y réussira si le cours forcé n'a été établi qu'en vue de circonstances imprévues et exceptionnelles.

Si au contraire le mal est économique plutôt que politique, il faudra des efforts encore plus grands pour sortir de l'ornière. Le Chili, dont les budgets se soldent en excédent, met la plus louable énergie à combattre le cours forcé; il cherche à accumuler des espèces à cet effet : mais il semble qu'un excès d'importation de marchandises européennes l'oblige constamment à se dessaisir de l'or qu'il amasse. L'Italie a essayé il y a une dizaine d'années et avait même réussi pendant un temps à reprendre les paiements en métal : sa mauvaise gestion financière, la rupture du traité de commerce avec la France, l'abus des dépenses militaires l'ont

rejetée dans les affres du papier-monnaie.
L'Autriche-Hongrie, dont la politique économique a au contraire été prudente et avisée,
s'efforce de supprimer ses billets d'État et de
mettre la Banque austro-hongroise en mesure
de rembourser les siens : mais elle n'avance que
lentement dans cette voie, malgré toutes les
circonstances qui favorisent sa *valuta regulirung* : paix générale, augmentation considérable de la production d'or dans le monde,
bon marché extrême des capitaux. Elle désire
ardemment arriver au moment où elle reprendra
sa place parmi les nations qui ont une monnaie
honnête, c'est-à-dire tirant sa valeur d'elle-
même et non de la volonté gouvernementale :
mais elle ne procède que pas à pas, et ne veut
pas s'exposer à ce que, le jour où elle délivrera
à guichets ouverts le numéraire en échange des
billets, il s'écoule à l'étranger.

Dans le monde entier, en Amérique aussi
bien qu'en Europe, les gouvernements cherchent donc à maintenir les paiements en espèces
là où ils existent, et à y revenir là où ils
ont cessé. La République d'Haïti et l'Empire
austro-hongrois ont les mêmes vues sous ce
rapport. Ce fait seul, à défaut de tout autre raisonnement, suffirait à prouver ce que doit être
le billet de banque ou d'État. Il n'est pas une
pure représentation d'espèces, il implique une
certaine idée de crédit, plus étendue que la

simple confiance accordée au signataire d'un certificat de dépôt d'espèces, puisqu'il n'est pas de Banque qui n'en puisse émettre une somme supérieure à son encaisse métallique; mais il doit toujours être remboursable en numéraire. L'écart entre le chiffre de la circulation et celui de l'encaisse est la mesure dans laquelle le crédit intervient. Cet écart est représenté par des créances liquides et exigibles à date certaine, comme des effets de commerce ou des avances sur titres négociables; le billet jouit alors de ce chef d'une garantie métallique indirecte, puisque les effets sont payables et ces avances remboursables dans la monnaie du pays, c'est-à-dire en numéraire. Là au contraire où règne le cours forcé, la dépréciation du billet est en raison de l'écart entre le chiffre émis et les garanties métalliques, directes ou indirectes qui lui sont affectées. Dans cet ordre d'idées, les engagements des gouvernements sont une cause de faiblesse, parce qu'ils ne constituent pas toujours des créances recouvrables comme ceux des particuliers. Une banque peut agir contre un débiteur privé; elle est sans armes contre un gouvernement de qui elle tient un privilège, et même contre toute espèce de gouvernement.

L'analyse du billet de banque se dégage de l'examen des bilans des établissements qui en font l'émission dans les divers pays du monde : c'est un instrument de crédit, dont le caractère essentiel doit être de pouvoir être à chaque instant anéanti et remplacé par ce dont il est le signe, la promesse. A cet égard le *banknote* de la Banque d'Angleterre, qui est détruit chaque fois qu'il rentre dans les caisses de l'Établissement émetteur, donne la démonstration en quelque sorte matérielle de sa véritable fonction. Les garanties qui servent de base au billet sont au premier degré les espèces qui reposent dans les caves de l'établissement émetteur; au second degré les créances qui forment le reste de l'actif : quand ces créances sont commerciales et liquides, elles permettent le remboursement des billets en métal; quand elles consistent en avances faites au Gouvernement au delà de la limite statutaire, elles ont pour conséquence ordinaire le cours forcé. Mais si, au lieu de reposer sur des créances mobilières d'un montant certain bien que parfois à échéance indéterminée, le billet de banque est gagé par des terres, des immeubles, biens nationaux ou autres, il n'est même plus un papier-monnaie; il tombe au rang d'assignat et perd la plus grande partie, sinon la totalité de sa valeur. C'est ce que l'histoire a prouvé lors de la Révolution française, et plus récemment dans la République Argentine.

Si les systèmes de banque varient à l'infini, les principes, de l'observation desquels dépend la solidité du billet, sont immuables : ils se résument en un mot qui servira de conclusion

à notre étude : de quelque façon que l'émission
en soit réglée, qu'elle soit l'œuvre du ministère
des finances, de la Trésorerie, d'une banque
d'État unique, d'une banque particulière investie
d'un monopole, de banques multiples privilégiées, de banques particulières en nombre illimité, *le billet doit toujours être échangeable, à
la volonté du porteur qui l'a reçu en paiement,
contre des espèces.* Ce n'est qu'à cette condition qu'il jouira de sa pleine valeur et rendra
tous les services que le public est en droit d'attendre et d'exiger de lui.

FIN

TABLE DES MATIÈRES

QUATRIÈME PARTIE

Le billet de banque.

Coulommiers. — Imp. Paul BRODARD.

Documents manquants (pages, cahiers...)
NF Z 43-120-13